법학총서

제1판

법 미 학

법과 아름다움의 포스트모던적 이해

이 상 돈

法 文 社

머 리 말

『법미학』은 법학과 미학의 합성어이다. 법학의 발전사 안에서만 바라볼 때 『법사회학』과 『법여성학』이 1970, 80년대에, 『법경제학』과 『법문학』이 1990년대에, 각기 앞다투어 독립된 기초법학의 분과로 성장해왔다. 2000년대 들어와서는 『법심리학』이 생장하기 시작했다. 법미학은 『법인류학』과 함께 그 뒤를 이어 싹을 트려고 꿈틀거리고 있다. 이들은 '법과 ~ '(the law ands)이란 명칭의 학제적 법학을 이룬다. 이 학제적 법학의 발전으로 『기초법학』이라는 커다란 법학분야가 울타리 쳐졌다. 『법철학』은 기초법학의 대부 격으로 새롭게 신장한 이 분과들과 교류하지 않을 수 없다.

하지만 법미학은 이 기초법학분과들 '가운데 하나로' 자리매김하는 것보다는 법철학과 '나란히' 자리하기를 원할 것이다. 왜냐하면 다른 기초법학의 분과들이 — 적어도 기초법학이라는 울타리의 분과를 기획하는 사람의 관점에서는 — 법철학을 대체하기보다는 '보완'하는 역할을 떠맡는 반면, 법미학은 법철학의 '다른 버전'을 만들어내기 때문이다. 물론 법미학이 법철학을 대체하는 것은 아니다. 여기서 법철학의 다른 버전이란 정의와 아름다움이 분화된 근대화의 역사를 거슬러 다시 통합시키는 법철학을 말한다. 아름답지 않은 정의는 정의로서 생명이 없고, 정의롭지 않은 아름다움도 궁극에는 죽어가는 생명체처럼 아름다움을 잃어버릴 수밖에 없다는 포스트모던적 통찰은 이성중심의 법철학을 변화시켜 줄 것이다. 우리는 아직 그 변화의 끝을 알지 못한다. 그렇기에 이 책의 부제도 '법과 아름다움의 포스트모던적 이해'라고 이름을 지었다.

내가 법철학의 포스트모던적 버전을 기획한다면 의아해하게 생각할 학자들이 많을 듯하다. 거의 20년에 가까운 세월 동안 이성주의자와 모더니스트의 전형으로 글을 써왔기 때문이다. 『법이론』, 『법사회학』, 『생명공학과 법』, 『법철학』, 『인권법』, 『시민운동론』, 『공익소송론』 등의 작품이 그런 글쓰기의 역사를 이룬다. 그렇기에 포스트모던적인 이해는 나에게 모더니즘의 반성으로 진행되는 것임을 말해두고 싶다. 모더니즘이 성찰적 모더니즘으로 성숙해지고, 포스트모더니즘이 성찰적 모더니즘으로 반성되어짐으로써 양자는 법학 안에서 접합점을 가질 것이다. 또한 양자는 이런 작업을 통해 '비동시적인 것의 동시성'(the contemporaneity of uncontemporary)을 이루며 법학의 지층을 더 다양하고 풍요롭게 만들어 줄 것이다.

이 책을 펴내는 데에 내가 빚진 사람들이 있다. 바로 내 기초법 제자들이다. 언제나 내 곁에서 대화적 이성의 든든한 원군이 되어준 양천수 교수(영남대), 같은 모더니즘의 주류를 가면서도 포스트모던적 색깔을 단편적으로 내게 비춰주곤 했던 홍성수 박사(현 Oxford대 법사회학연구소 연구원), 그리고 생명윤리의 전장을 함께 누빈 김나경 교수(성신여대)에게 고마움을 갖게 된다. 아울러 박사 후 다시 나와 비슷한 연구의 길, 특히 언어(분석)철학적 작업을 해가는 안성조 교수(선문대)에게도 학문적 동행이 돼 주고 싶다.

그리고 이 책에서 등장하는 레퍼런스들을, 2005년부터 지금까지 약 3년 동안의 문헌세미나를 통해, 나와 함께 공부해준 영특한 기초법 전공의 대학원 제자들에게 — 특히 나와 함께 『법문학』을 펴냈고, 포스트모던적 사고가 그녀 자신인 이소영(Harvard대 옌칭연구소 연구원), 너무나 인간적인 김대근(법경제학), 인류학적 사고가 골수인 정채연(법인류학), 니체와 프로이트의 사상을 법에 쬐어주려 하는 민윤영(법심리학), 데리다를 좋아하는 조민희(법여성학), 그리고 특히 학부에서 미학(서울대)과 법학(고려대)을 모두 공부하고, 대학원에서 법미학을 일구는 김지원에게 — '그 함께한 시간과 노력들'에 대해 고맙다는 말을 전하고 싶다.

그러니까 이 책은 지난 3년의 문헌세미나에서 내가 행한 비평과 제자들의 물음에 대한 응답의 성격을 갖고 있기도 하다. 이 책이 그(녀)들의 또 다른 성장에 작은 밑거름이 되길 바래본다.

2008. 7.
이 상 돈

차　　례

[2] 법미학의 개념, 유형, 특성

[3] 미학적 정의론

[4] 법률미학

[5] 법정미학

[6] 법아이콘학

[1] 법과 아름다움: 미학적 정의

I. 아름다움과 법적 정의의 하나 됨

정의는 흔히 이성적으로 도덕적인 것, 윤리적으로 숭고한 것으로 생각된다. 그래서 아름다움과는 관계없다고 이해된다. 하지만 도덕과 이성, 윤리와 숭고함도 인간의 삶을 완전하게 해주는 방편에 불과하다. 그런 방편에서 아름다움이 빠진다면, 인간의 삶은 황폐해지기 쉽다. 정의는 인간의 삶을 가치 있게 하는 것과 관계하는 이념이라고 본다면, 정의는 결코 아름다움과 무관한 것일 수도 없다. 그래서 우리는 어떤 논증을 하지 않고도 '미학적 정의' 또는 '심미적 정의'라는 말을 할 수 있다.

1. 놀이로서 법의 아름다움과 정의

그러면 정의를 실현하는 임무를 띤 법도 '미학적 정의'의 차원을 외면할 수 없게 된다. 법은 인간에게 삶을 가능케 하고, 삶을 규제하기 때문이다.

(1) 놀이로서 삶과 법

그러면 삶이란 무엇일까? 다양한 이해가 가능하겠지만, 여기서는 '삶이란 놀이(play, Spiel)이다'라고 일단 풀어놓기로 하자. 놀이라고 할 때 그것은 비트겐슈타인의 말놀이이론에서처럼 그것은 삶의 형이상학적, 존재론적 본질(실재)은 알 수 없으며, 있는지 없는지 조차 관심을 두지 않음을 의미한다. 하지만 삶이 놀이라고 하는 것은 삶은 그냥 각자가 살아지는 대로 (막) 사는 것을 뜻하지는 않는다. 즉, 놀이는 누구와 함께 하는 것(상호성 intersubjectivity)이며, 아무 것도 하지 않는 것이 아니라 무엇인가를 하는 것(일 work)이며, 또한 즐거운 것이며(행복), 그러면서도 무질서한 것이 아니다(규칙성, 질서).

삶을 이처럼 놀이라고 할 때 삶을 '정의롭게' 형성하고 규제해야 하는 법도 규범에 관한 놀이가 된다. 나는 일찍이 구체적 법규범을 형성하는 법률해석도 '법률말에 관한 놀이'라고 정의한 바 있다.[1)] 법을 규범놀이라고 할 때 그것은 법이 실현하는 정의가 형이상학적, 존재론적 실체를 갖고 있는 것인지 알 수 없으며, 또한 그런 것이 있는지 없는지 조차 관심을 두지 않음을 의미한다. 법은 사람들이 그것을 통해 누구와 함께 하고, 무엇인가

1) 이상돈, *새로쓴 법이론* (세창출판사, 2005), 183쪽 아래.

를 하며, 또한 즐겁게 되고, 그러면서도 무질서해지지 않을 수 있게 해주는 그런 놀이이어야 한다. 데리다(Derrida)도 이와 유사하게 '법이란 놀이의 실루엣이며, 이때 놀이는 항상 창조적이며, 생성적이며, 힘을 가져다주는 것'이라고 본다.2)

(2) 심미적 유희로서 놀이

놀이로 이해된 법이 추구하고 실현하려는 정의는 단지 도덕적인 또는 윤리적인 것에 머무를 수 없다. 왜냐하면 놀이는 인간의 생에너지를 열정적으로 소비하는 행위이기 때문이다.

(가) 아름다움과의 놀이로서 법 이 행위가 예술(art)이 생산하는 현실로부터의 해방의 양식, 즉 인간을 현실의 질곡으로부터 해방시키는 아름다움의 체험을 가능케 하는 양식 안으로 들어오게 될 때(심미적 유희 aesthetic play), 삶은 가장 완전히 편안한 것이 될 수 있다. 심미적 유희는 가장 행복한 삶의 양식이 된다.

여기서 쉴러(Schiller)가 "인간의 미적 교육에 관한 편지"(Briefe Über die ästhetische Erziehung des Menschen)3)에서 말한 소재충동(Stofftrieb)과 형식충동(Formtrieb)의 합일상태가 주목된다.4) 쉴러에게 소재충동은 감성적 충동이며 성향이나 느낌

---

2) 이때 실루엣은 "여성성의 실루엣"(feminine silhouette)이다. 데리다에게 법은 에로틱하고(erotic) 생성적인 것이므로 여성성 속에 내재하는 것이고, 초월적, 영구불멸의 법과 일시적이고 실정적 법 사이에 실체가 없는 것이라는 점에서 실루엣이다. 이와 같은 설명으로 Peg Birmingham, "Toward an Ethic of Desire; Derrida, Fiction, and the Law of the Feminine", *Feminist Interpretations of Jacques Derrida* (The Pennsylvania State University, 1997), 137~141쪽.

3) 이는 쉴러가 칸트와 미학과 프랑스혁명에 관해 논쟁하면서 보낸 27편의 편지(1798~1795)를 말한다.

4) 이러한 쉴러의 입장을 잘 정리한 Herta Pauly, "Aesthetic Decadence

(감정)으로 나타나고 인간이 자신의 삶을 보존하고 절대적 존재로 향해가게 만드는 충동인 반면, 형식충동은 이성적 본능이며, 보편성과 필연성으로 나타나고, 인간이 도덕적으로 자유로운 존재로 만드는 충동이다. 이 두 충동의 합일상태가 바로 인간을 가장 완전한 존재로 만들어 준다는 것이다. 이렇듯 인간존재의 본성에서 볼 때, 법은 이성적 본능의 발현일 뿐만 아니라 감성적 충동을 충족해주는 것이어야 한다. 쉴러가 말하는 소재충동, 감성적 충동이나 성향은 아름다움과의 놀이를 통해 가장 이상적으로 충족될 수 있다. 그렇다면 법도 아름다움을 자신의 정의내용으로 수용해야만 하게 된다.

(나) 에로스의 체험으로서 아름다움[5] 이때 주목할 점은 아름다움이란 주관적으로 '체험'되는 현상이지 논리적으로 형성되는 이치가 아니라는 점이다. 물론 이성적인 옳고 그름이나 윤리적인 좋고 나쁨에도 주관적인 측면이 있고, 그래서 그 판단의 결과도 사람마다 상이할 수는 있지만, 그 판단의 내용은 적어도 '논리적 구성물'로 만들어질 수가 있다. 그러나 아름다움은 그 판단의 결과만을 논리적으로 비평할 수 있을 뿐이다. 아름다움은 논리적으로 판단되는 것이 아니라 감성적으로 체험될 뿐이다. 이 체험의 핵은 바로 에로스(eros)이다. 그러므로 아름다움과의 놀이로서 법도 곧 에로스적인 것이 된다.

Today Viewed in Terms of Schiller's Three Impulses", *The Journal of Aesthetics and Art Criticism* (Vol. 31, No. 3, Spring, 1973), 365~373쪽 참조.

5) 이 (나) 단락은 이상돈, *기초법학* (법문사, 2008), [1]단락 Ⅳ. 2.(1).(가) 참조.

[에로스로서 법] 법은 프로이트(Freud) 의미에서 '일시적이고 무상한 에로스'[6]를 발현시켜주는 장치라고 볼 수 있다. 법이 에로스적이라는 것은 로고스적인 법의 한계를 응시하고, 보완해주는 관점이 되기도 한다.[7] 로고스적인 법의 한계는 예컨대 법이 칸트처럼 실천이성의 제도화로 이해됨으로써 욕망이 법의 세계에서 추방당한 데에 있다. 칸트의 순수이성은 욕망에 대한 관심 자체를 일체 배제시킴으로써 성립되며, 심지어 이성을 향한 욕망도 배제한다.[8] 로고스적인 법의 한계는 언어에서 비롯된다. 언어는 욕망에 기초한 진실을 정확하게 반영할 수 없기 때문이다. 그렇기에 법은 언어로 형성되자마자 곧 자기부정을 해야만 하게 된다. 다시 말해 법으로 태어나는 순간 이미 자기로부터 소외된 존재이다. 그처럼 끊임없이 자기부정되어야 하는 존재로서의 법을 여전히 정의롭게 만들어 주는 것은 바로 에로스(eros)의 작용이다. 이렇게 볼 때 법이 놀이이고, 놀이의 규칙성이 설령 이성의 전통에서 물려받는 측면이 있다고 할지라도, 법은 언제나 이성과 감성의 혼합체가 될 필요가 있다. 법이 에로스라고 하는 것은 이것을 가능케 하는 인식론적 토대가 된다.

이에 비해 이성적인 옳고 그름과 윤리적인 좋고 나쁨은 아름다움의 핵, 에로스처럼 체험되는 것이 아니라 논리적으로 판단된

6) 이에 관해서는 Abraham Drassinower, *Freud's Theory of Culture: Eros, Loss, and Politics*, (Rowman & Littlefield Publishers, 2003), 30쪽 참조. 프로이트는 오직 일시적이고 무상한 것에 대한 사랑만이 진실로 에로틱한 것으로 보았다고 한다. 우리가 사랑하는 것들의 무상함은 삶의 진실이며, 사랑은 언제나 언젠가 죽을 것에 대한 사랑이라는 것이다.

7) 에로스와 유사하게 파토스를 말하는 니체도 법을 에로스적인 것으로 보았다고 말할 수 있다. 이에 관해서 Friedrich Nietzsche (이진우 옮김), *비극적 사유의 탄생* (문예출판사, 1997), 274쪽 참조. 니체의 법이해에 관해서는 내가 지도한 민윤영, 니체(Nietzsche)의 법이론: 법에서 모더니즘의 해체(고려대학교 석사학위논문, 2007), 61쪽 아래 참조.

8) 이런 분석으로 Jacques Derrida (Geoff Bennington and Ian McLeod 역), *The Truth in Painting* (University of Chicago Press, 1987), 38쪽.

다. 어떤 사태가 아름답다고 체험되어도 그 사태가 갖는 의미가 이를테면 평등한 자유의 이념에 부딪히거나, 공동선은 커녕 외롭게 갇힌 개인의 이기심에 전속되는 경우에, 그 사태는 아름답지만 이성적으로 그릇되고, 윤리적으로 나쁜 것이 된다. 이렇듯 이성적인 옳고 그름과 윤리적인 좋고 나쁨의 핵은 로고스(logos)적인 것이다. 아름다움의 체험은 많은 경우에 이성적인 옳고 그름과, 그리고 윤리적인 좋고 나쁨과 거리를 두는 과정에서 일어난다. 그래서 법미학자 Scarry는 다음과 같이 말한다: "아름다운 것을 보는 바로 그 순간, 우리는 급진적인 탈중심화를 경험한다."[9] 여기서 급진적인 탈중심화는 아름다움과 충돌하는 도덕적, 윤리적 가치들로부터의 벗어남을 뜻한다.

2. 정의와 아름다움의 어원적 단일성

법이 존재적으로 이처럼 심미적 아름다움을 머금고 있다는 점은 결코 인류역사에서 낯선 일이 아니다. 동유럽과 산스크리트어족에서 유럽어족(고대 영어, 고트어)에 이르기까지 fairness는 용모의 사랑스러움과 공정함을 모두 담고 있다고 한다.[10] 즉 fairness는 미학과 윤리학의 혼합물이 된다. 그러나 공정함은 정의의 단지 한 양상일 뿐, 그 전체는 아니다. 오늘날의 법에서는 공정거래법과 증권법 분야에서 두드러진 정의 개념일 뿐이다.

정의와 아름다움이 어원적으로 하나라는 점은 중국의 철학자 라오쯔(老子)의 『道德經』 제2장에 나오는 다음과 같이 구절에서 가장 인상적으로 드러난다.

9) Elaine Scarry, *On Beauty and Being Just* (Princeton University Press, 1999), 111쪽.

10) 이에 관한 어원분석으로 Elaine Scarry, 앞의 책, 91~92쪽.

「天下皆知美之爲美, 斯惡已; 皆知善之爲善, 斯不善已」(천하의 모든 사람들이 아름다운 것으로 알고 있는 것은 실은 추한 것이다. 모두 다 선한 것으로 알고 있는 것은 실은 선하지 않은 것이다.)[11]

여기서 주목되는 점은 라오쯔가 아름다움(美)의 대칭어로 추함(醜)를 쓰지 않고 오(惡)를 쓰고 있고, 아울러 윤리적 선(善)의 대칭어로 악(惡)을 쓰지 않고 선하지 않음(不善)을 쓰고 있다는 점이다. 이를 두고 김용옥은 "고대중국인들은 윤리적 악까지도 미에 대칭되는 惡(오) 즉 추의 개념으로 의미부여를 하고 있다......(중략)......동양인들에게 있어서는 윤리적 선악마저 심미적 미추 속에 포함되는 것이다"[12]라고 말한다. 여기서 윤리적 선악은 도덕적인 옳고 그름과 윤리적인 좋고 나쁨을 모두 포괄하는 것으로 보인다. 그리고 여기서 옳음(right)과 좋음(good)이 그름과 나쁨과 함께 아름다움과 추함에 포함된다는 것은 첫째, 그것들이 내적으로 서로 분리되지 않는다는 점과 둘째, 심미적 아름다움이 도덕적 옳음이나 윤리적 좋음보다 '우월한' 위치에 놓인다는 점을 의미한다.

Ⅱ. 이미지: 아름다움과 정의의 소통매체

그러나 아름다움과 정의가 항상 패키지로, 통각의 방식으로

11) 김용옥, *동양학 어떻게 할 것인가* (통나무, 1997), 302쪽의 해석은 "하늘 아래의 모든 사람들이 아름다운 것을 아름다운 것으로 알고 있다. 그러나 실상 그들이 알고 있는 아름다운 것은 추한 것이다. 모두 다 선한 것을 선한 것으로 알고 있다. 그러나 실상 그들이 알고 있는 선한 것은 선하지 않은 것이다"이다.

12) 김용옥, *아름다움과 추함* (통나무, 1987), 80쪽.

또는 아름다움이 정의에 대해 우위를 점하는 방식으로 형성되는 것이 아니다. 아름다움의 체험이 있고, 그것이 축적되어 정의관념을 형성하게 되고, 반대로 어떤 정의내용이 구축되고 관철됨에 따라 그에 수반하여 심미적 체험이 일어나기도 한다. 그렇기 때문에 아름다움/추함과 정의/부정의 범주적 차이, 주관적 체험과 객관적 생성의 시간적 차이 등을 메워주는 접합매체와 같은 것이 필요하다. 그것이 바로 이미지(image)이다. 법미학에서 또는 미학적 정의의 개념형성에서 이미지의 개념을 해명하는 것은 필수적인 과제이다. 또한 이미지가 법과 아름다움 사이에서 어떤 역할과 기능을 수행하는지를 밝히는 것도 법미학의 발전에 있어 초석이 된다.

1. 이미지의 개념

(1) 존재와 무 사이의 심미적 상징

이미지는 어떤 대상에 관한 전형적인 상징의 뭉치(연관체)라고 정의할 수 있다. 이미지는 무엇에 관해 사람들이 지각하는 바의 상징적 형상이라는 점에서 존재 그 자체와 구별된다. 그러니까 법의 이미지, 아름다움의 이미지라고 한다면, 이미지는 법 그 자체이거나 아름다움 그 자체가 되는 것은 아니다. 그렇다고 이미지가 무(無 Nichts, nothing)인 것도 아니다. 이미지에 의해 형상화되는 대상은 존재론적으로 무가 아니며, 그 존재와의 어떤 연관성이 있다는 점에서 이미지 역시 무는 아닌 것이다. 그렇게 보면 이미지는 존재와 무, 그 사이에 위치한다.

(2) 이미지와 법의 관계

이런 입장은 강한 버전의 해체주의적 이해와 거리를 두는 것이기도 하다. 해체주의는 데리다가 프란츠 카프카(Franz Kafka)의 〈법 앞에서〉(vor dem Gesetz)에 대해 행한 해석[13]에서 잘 나타난다. 카프카의 〈법 앞에서〉에서 법은 자기를 드러내보여 주지 않고, 법을 존중하고 지키는 문지기에게만 접근할 수 있게 하는 '현전불가능한' 그 무엇이다. 즉 법은 그것과 직접적인 관계를 맺을 수 없는 것이며, 그런데도 법을 존중하고 어떤 관계를 맺어야만 하기 때문에 부득이 법의 대리인들인 문지기하고만 관계를 맺게 만드는 그 무엇이다. 현전불가능성의 법을 데리다는 차연[14]으로 개념화한다.[15] "법이 현재 행하는 금지는 절대명령적 강제(imperative constraint)라는 의미의 금지가 아니다; 그것은 차연(différance)이다."[16] 즉, 법이 실현하려는 정의는 지금 여기에 존재하지 않는 채 미래로 '미루어져 있는 것'이 된다.

(가) 이미지로서 법 그러나 법미학자들은 여기서 한 걸음 더 나아가 이미지가 곧 법이라는 입장을 보이기도 한다. 법이 현전불가능(unrepresentable)하다는 점에서는 데리다와 같지만, 법

---

13) 이에 관해서는 Jacques Derrida, "Before the Law", Derek Attridge (편), *Act of Literature* (Routledge, 1992), 181~220쪽 참조.

14) Jacques Derrida, 앞의 논문, 202쪽; "법의 현전불가능은 정언적 의미에서의 금지가 아니라, 차연이다."

15) 데리다의 차연 개념은 뒤에서(이 책의 단원 [4] 법률미학]에서 사안의 질감미를 설명할 때 다시 다루는데, 법률해석의 단계에서 차연 개념이 적합할 수 있는 것은 법률해석학에 의해 역사적으로 전승되고 발전되는 법률텍스트의 의미론이 언제나 일정량의 크기로 존재하기 때문이다.

16) Jacques Derrida, "Before the Law", Derek Attridge (편), *Act of Literature* (Routledge, 1992), 202쪽.

은 그의 "대리인들과 그들의 이미지들",[17] 이를테면 그들의 복장, 가발, 법망치 등에 의해서만 인식될 수 있다는 점에서, 인식이 미래로 미루어져 있는 그래서 인식할 수 없다고 보는 데리다와 다르다. 법미학자들에게는 — 적어도 이미지를 법의 (유일한) 인식근거라고 보는 한 — 이미지가 곧 법이 되는 것(law as image)이라고 말할 수 있겠다. 이미지로서의 법이란 법의 존재를 무로 설정하는 것이기도 하다.

(나) 법의 이미지에 대한 독자성 그러나 법이 영구불멸의 형이상학적 이념이나 존재론적 실체는 아니지만, 근대시민사회와 근대법의 역사적 발전과정 속에서 법적 담론이 아름다움에 대한 담론과 분리·독립됨으로써 그 고유한 존재성을 획득했다는 점을 간과해서는 안된다. 모던 법에는 윤리학이나 미학의 원리나 규칙과는 차별화된 원리나 규칙들이 성장했고, 고유한 기능체계를 구축했으며, 부정할 수 없는 (합법과 불법을 판별해주는) 사회적 기능이 축적되어 있다. 그렇기 때문에 법은 아름다움의 요소로만 구성되지도 않고, 이미지에 의해서만 인식되는 것도 아니다. 그것들은 법의 단지 한 요소일 뿐이며, 법의 모더니즘적 기획에서 소홀히 되었다는 점이 문제일 뿐이다.

17) Costas Douzinas, "The Legality of the Image", *The Modern Law Review* (Vol.63, No.6, 2000): "법으로 들어간다는 것, 법에 복종한다는 것은 이미지와 이미지 갖기(imagining)에 관한 것이며, 영혼 속으로 이식된 법에 관한 웅장한 이미지를 갖는다는 것이다. 왜냐하면 법은 현전불가능한 것이고, 우리는 단지 법을 그 대리인과 그들의 이미지를 통해서만 알 수 있기 때문이다".

(3) 이미지와 이웃한 개념들

이미지의 개념은 여러 가지 이웃을 갖고 있다. 판타지, 스테레오타입, 아이콘 등이 잘 알려진 이웃들이다.

㈎ 판타지와 이미지 첫째, 이미지는 '실재'에 관한 것이거나 실재하지 않는 것에 대한 실재적인(실재스러운) 이야기가 실재성을 얻는 경우라는 점에서 '비실재'하는 것에 대한 실재스럽지 않은 환상(phantasy)과 구별된다. 그러나 양자의 구별이 언제나 명확한 것은 아니다. 이미지에는 많든 적든 허구적 요소가 개입되기 마련이기 때문이다. 그럼에도 불구하고, 예컨대 생명윤리주의자들이 치료목적으로 인간유전자를 돼지에게 주입해 넣는 연구[18]를 극렬 반대한다고 할 때, 그들은 그리스 신화의 반인반마 켄타우로스(kentauros)의 이미지를 떠올리기도 하는데, 이 반인반마는 판타지와 이미지의 중간쯤에 위치한다. 아직 실재한 적이 없기 때문에 판타지적이지만, 유사사례의 실재(예: 동물간의 이종결합)가 있고, 그로 인해 충분히 실재 가능한 것으로 간주될 수 있기 때문에 이미지적이다. 이런 경우를 판타지적 이미지라고 부를 수 있겠다.

㈏ 스테레오타입과 이미지 둘째, 스테레오타입(stereotype)의 개념도 이미지와 비슷하지만 역시 구별되어야 한다. 스테레오타입은 이미지의 변종이다. 즉 어떤 대상에 관한 상징의 전형성이 '편견'으로 채색되고 고정불변의 틀이 되어버렸을 때 이미지는

18) 최근 영국 인간수정배아관리국은 인간과 돼지의 이종배아 생산을 허용하였다. 이 이종배아는 심장병 연구를 위해 돼지의 난자에 인간 유전자를 주입하여 생산하는 배아이다. 당연히 개체생산을 허용한 것은 아니다.

스테레오타입이 된다. 스테레오타입은 어떤 대상의 인식 속도를 높여주는 장점이 있기도 하지만, 그 대상을 왜곡하는 역기능이 더 크다. 그런데 스테레오타입과 이미지의 차이도 자명하지는 않다. 이미지가 갖는 상징의 전형성은 언제나 그 상징의 내면세계로의 진입을 가능케 하는 힘이 되지만, 동시에 그 힘의 작용으로 상징을 고착화시키고, 그에 따라 이미지가 생성된 대상의 다른 의미가능성을 거세시키는 왜곡의 가능성을 갖고 있기 때문이다. 그러므로 스테레오타입은 처음부터 이미지와 구별되는 것이 아니라 이미지의 대상왜곡기능에 대한 비판적 관점에 설 때 사후적으로 그 이미지를 스테레오타입이라고 파악하는 것이라고 볼 수 있다.

(다) 아이콘과 이미지 셋째, 이미지는 아이콘(icon)과도 구별되어야 한다. 아이콘은 흔히 이미지와 동의어로 사용되기도 하지만, 아이콘은 수많은 이미지의 압축파일이라고 볼 수 있다. 대상에 관한 전형적 상징이라는 점과 그런 상징이 형상화되고 있다는 점에서는 아이콘도 이미지와 같다. 그러나 아이콘은 역사적으로 형성된, 또는 형성될 수 있는 다양한 이미지가 퇴적된 형상이라는 점에서 이미지와 구별되어야 한다. 아이콘을 이미지로 사용하려면 먼저 아이콘의 이미지 압축을 풀어야 하는 것이다.

2. 이미지의 기능

이미지는 아름다움과 법적 정의를 접합시켜 주는 매체이다. 이때 접합매체의 기능은 완전히 서로 다른 가치처럼 보이는 미학적 가치와 정의관련적 가치(도덕적 가치, 경제적 가치, 정치적 가치)[19]를 호환시켜주는 가치이다.

(1) 이미지의 통신부호기능

이 기능은 '통신부호'의 기능에 비유할 수 있다. 가령 미학적 가치가 독일어로 형성되고, 정의관련적 가치가 한국어로 형성되어 있으며, 양 가치를 인식하고 형성하는 주체들은 각자의 언어만을 알고 있다고 전제할 때 각 주체가 공통의 통신부호를 갖는다면, 미학과 법학, 미적 체험자와 법적 주체는 서로 소통할 수 있고, 미학적 가치와 정의관련적 가치는 서로 호환될 수 있다. 그런데 여기서 이미지의 통신부호기능은 쌍방향적이며, 양가적(兩價的)임에 주의할 필요가 있다. 이미지는 아름다움의 체험을 응축하고, 그것을 정의의 관념으로 옮겨주거나 그 반대의 전달을 하기도(쌍방향성) 하지만, 거꾸로 추함의 체험을 응축하고, 그것을 부정의의 관념으로 옮겨주거나 그 반대의 전달을 하는(쌍방향성) 것이다(양가성). 다시 말해 이미지는 어떤 대상에 관한 미학적 체험으로부터 생성되는 전형적인 상징의 뭉치이고, 그 가치의 방향이 결정되어 있는 것은 아니다. 이 통신부호기능을 이해하기 위해 이미지의 기능현상의 예를 몇 가지 살펴보기로 한다.

㈎ 나타남의 법미학 첫째, 법을 텍스트로 만드는 법전화(Kodifikation)의 역사에서 보듯 근대법은 법을 '시각적으로 재현

19) 미학이론에서는 주로 도덕적 가치만을 말하지만 그 외에도 경제적 가치, 정치적 가치 등이 있고 이들은 모두 법적 정의를 구성하는 요소, 법의 합리성을 구성하는 요소들이므로, 이들을 총칭해서 정의관련적 가치라고 부르고, 미학이론에서 논의하는 미학적 가치와 도덕적 가치와의 관계는 미학적 가치와 정의관련적 가치로 대체될 필요가 있다. 그렇게 대체하여도 미학이론에서의 논의들은 그대로 옮겨올 수 있다.

하는 질서'(a visual order of representation)[20]로 성장해왔다고 평가되기도 한다. 바꿔 말해 근대법은 나타남의 미학을 좇았다고 할 수 있다. 여기서 나타남의 미학은 법의 시각적 재현이 텍스트가 아니라 이미지와 같이 영상적인 것일 때 더욱 고조된다. 텍스트는 로고스의 세계이지만 이미지는 에로스의 세계에 위치한다는 점에서 차이가 있다.

법이 이미지를 통해 재현되는 예를 몇 가지 들어 보자. Young의 분석에 의하면 호주나 미국의 여러 판례에서 동성애자의 구애에 맞서 그를 죽인 행위는 종종 그가 어린 시절 목격한 성적 학대, 특히 그의 누이와 엄마가 아버지로부터 받은 성적 학대의 이미지가 떠오름으로써 '도발된 정당방위'로 취급되곤 한다.[21] 이런 행위에서 범죄자는 ① 이미지 속으로 들어가고 — 자신과 피해자의 관계를 '환상적인 시각화'를 통해 자신과 학대한 아버지의 관계로 전이시키고 — ② 바로 전이된 그 이미지의 영향 아래 살해행위를 하였으며 ③ 법은 그 점을 고려한 것이다. 즉 이미지는 ① 행위자와 상대방 사이의 관계 지움 ② 그 관계 속에서의 행위 ③ 법의 고려라는 과정을 통해 법을 구성한다. 여기서 법을 구성했다는 것은 '도발된 정당방위' 개념에 의해 정당방위법을 재해석하고, 양형에 고려한 점을 의미한다.

이처럼 이미지의 나타남이 법적 정의를 형성하는 경우를 나타남의 법미학(legal aesthetics of appearance)라고 부를 수 있다. 나타남의 법미학은 법미학의 다양한 분과에서 등장할 수 있

---

20) Alison Young, "*Into the Blue*: The image written on law", *Yale Journal of Law and Humanities* (Special Issue, 2001), 305쪽.

21) 이런 판례의 대표로 (1997) 148 A.L.R. 659 (High Court)를 들 수 있고, 그런 경향에 대한 분석으로 Alison Young, 앞의 논문, 306~307쪽.

다. 예컨대 의붓아버지의 오랜 세월에 걸친 강간에 못 이겨 살인을 한 여자가 최후변론에서 외치는 말, '짐승을 죽였어요'에서 강간범들의 짐승 같은 이미지가 법관에게 연상되고, 그것이 용의주도하게 계획된 살인(이른바 謀殺)임에도 불구하고 그 이미지는 집행유예를 선고하는 양형에 결정적으로 작용할 수 있다.

(나) 사라짐의 법미학 이와는 정반대로 이미지의 사라짐이 법적 정의를 형성하는 경우를 사라짐의 법미학(legal aesthetics of disappearing)이라고 부를 수 있겠다. 다시 Young이 제시하는 예를 들어 보자. Young은 펠릭스 곤잘레스-토레스의 예술세계는 사라짐의 미학을 대표한다고 한다.[22] 그의 Portrait of Ross in L.A.에서는 175파운드의 사탕을 갤러리 구석에 쌓아두고 관객이 이를 가져가거나 먹을 수 있게 하였는데, 이 때 사탕은 에이즈에 걸려 죽은 연인의 몸을 형상화한 것이고, 관객이 사탕을 가져갈수록 그 연인의 에이즈에 걸린 몸의 이미지는 사라지는 것이며, 관객은 보균자가 되어 간다. 이런 사라짐의 미적 체험은 병자와 정상인의 경계를 지워버린다. 이는 에이즈 보균자에 대한 법적 규제가 격리수용과 같은 인권침해적인 조치가 되어서는 안된다는 법의식[23]을 생산해낼 수도 있다.

이처럼 사라짐의 법미학은 역시 법미학의 다양한 분과에서

22) Alison Young, 앞의 논문, 316~324쪽 참조.
23) 이런 법의식은 우리나라에서는 절반 정도 이미 현실이다. 예컨대 후천성면역결핍증예방법은 강제격리제도를 폐지하고, 환자의 개인정보를 보호하며, 익명검진제도를 실시하고, 직장 내의 차별금지를 규정하는 등 선진적인 인권보호조치를 취하고 있다. 다만 강제검진과 권고적 강제치료, 보편적인 치료의 원칙 등의 인권침해소지가 남아 있다. 자세한 것은 김나경, "후천성 면역 결핍증의 법적 문제구조와 규율방향" (한국의료법학회 2008년 춘계학술대회 발표문) 참조.

등장할 수 있다. 예컨대 정의의 여신 유스티치아(Justitia)의 눈가리개라는 아이콘이 흑인에 대한 인종차별적인 국가작용으로서 체포 시 흑인을 마구 구타하는 백인경찰들의 이미지로 그 암호가 풀릴 수 있다. 이런 아이콘해석에 의하면 유스티치아에게서 눈가리개는 제거되어야 하고, 눈가리개가 제거된 유스티치아의 아이콘은 법의 인종차별적인 구조를 제거하는 법의식과 법의 변화를 가져올 수도 있다. 이미지의 사라짐이 법적 정의를 구현하는 것이다. 또한 사형제도의 법은 예컨대 사형수의 범행으로 인한 피해자 및 그 연대그룹의 고통을 그리는 영화들의 영상미술 속에서 생성된 악의 화신 이미지가 사라질 때,[24] 그리하여 악인을 쳐부수라(confutatis maledictis)와 같은 파토스가 진정될 때 가능할 것이다.

(2) 이미지의 가치관리기능

이미지가 이처럼 법적 정의를 형성하거나 해체시키는 기능을 하는 것은 언어적이거나 논리적인 것이 아니라, 비언어적이며 감성적인 것이다.

(가) 가치저장과 가치변환의 기능 이는 이미지에 담긴 미학적 체험에서 생성된 가치(미학적 가치)가 이미지를 통해 정의관련적 가치로 전환되기 때문이다. 이런 전환은 이미지가 정의관련적 가치를 형상화하는 상징을 담고 있기 때문에 가능한 것이다. 거꾸

24) 이런 이미지의 작용이 사형의 선고를 가능케 하는 것으로 본 Desmond Manderson, "Requiem: Green Death — Aesthetic Interpretations and Influences in the Death Penalty", *Songs without Music: Aesthetic Dimension of Law and Justice* (Universtity of California Press, 2000), 112~113쪽. 이 논의에 관해서 자세히는 아래 [4] 단원 Ⅳ.3.(1) 참조.

로 법체계가 "주의 깊게 관리된 이미지의 유용성과 실효성(carefully policed images)"[25]을 언제나 잊지 않았던 이유도 이미지가 법적 정의의 가치를 사람들의 일상적인 미학적 체험의 세계로 옮겨놓고, 심지어 광고하듯 세뇌시키기도 하는 능력을 가지고 있기 때문이다. 다시 말해 이미지는 미학적 가치와 정의관련적 가치를 모두 '전형적 상징' 속에 입력할 수 있고 언제든지 출력할 수 있으며(가치저장기능), 한쪽 가치를 다른 쪽의 가치로 바꾸어 출력시켜주기도 한다(가치변환기능). 그런 점에서 앞서 말한 통신부호기능은 가치저장기능과 가치변환기능으로 구성된다고 할 수 있고, 이를 다른 말로는 가치관리기능이라 부를 수 있겠다. 통신부호기능의 표현은 이질적인 두 세계가 서로 소통한다는 측면을 부각시키는 반면, 가치관리기능의 표현은 이미지의 그와 같은 소통역량의 측면을 부각시킨다.

㈏ **체험적 의미와 부식성** 또한 가치관리기능을 두고 미학적 가치와 정의관련적 가치를 융합한다고 말할 수도 있다. 이 융합의 과정은 미학적 가치를 생성시킨 미학적 '체험'과 정의를 구성하는 가치의 '의미'가 융합되는 과정이기도 하다. 그런 점에서 이미지는 '체험적인 의미'(experientialistic meaning)라고 부를 수 있다. 이미지가 '의미'를 지닌다고 말하는 것은 이미지가 미학적 가치를 정의관련적 가치로 또는 그 역으로 번역해주는 현상이 사회적으로 소통되는 규칙성을 띨 수 있다는 점에서 그러하다. 이미지가 '체험적'이라고 말하는 것은 언어의 의미가 그 의미

25) 법은 언제나 주의 깊게 관리된 이미지의 유용성과 효율성을 잊지 않았었다고 보는 Costas Douzinas, "Legality of Image", *The Modern Law Review* (Vol.63, No. 6, 2000), 815쪽 참조.

를 발생시킨 맥락을 '직접' 체험하지 않고도 인식주체에 의해 이해되고, 소통의 수단으로 사용될 수 있는 것에 비하여, 이미지의 의미는 그 이미지를 인식주체가 '직접' 체험함으로써만 사용된다는 점에서 그러하다.

또한 이미지의 직접적 체험은 이미지가 법텍스트의 의미를 구성하는 요소로 기능하는데, 바꿔 말해 이미지에 입력된 미학적 가치를 정의관련적 가치로 변화시키는 데에 있어 전제조건이 된다. 왜냐하면 이미지는 이미지를 체험하는 순간에만 그 체험의 주체 내면으로 들어가 그의 가치의식을 변화시킬 수 있게 되기 때문이다. 이를 이미지의 '부식성'(corrosivity)이라고 부를 수 있다. 미술사학자 James Elkins는 이런 이미지의 속성을 이렇게 말한다. "이미지란 정보체계에 있는 한 조각의 데이터가 아니다. 그것은 부식성이 있는(corrosive) 것이며, 내 안으로 터널을 내고, 현재의 나를 일부를 녹여서 다른 모습으로 개조할 수 있는 잠재력을 가진 어떤 것이다. 바로 그 어떤 이미지 때문에 내 안의 어떤 점들이 달라진다. 만일 내가 기꺼이 내 지킴이(guard)를 실망시키고 또한 이것이 어떻게 작동하는지에 관해 정직해질 의향이 있다면, 이것이 의미하는 바는 나는 (역주-이미지를 체험하기) 이전의 나와 같은 사람이 아니라는 것이다."[26)]

3. 미학적 체험, 이미지, 법의 상호관계

이제 이미지가 미학적 체험과 법(실정법 또는 법텍스트)과 어떤 배열에 놓임으로써 법적 정의를 생산해내는지를 살펴보기로

26) James Elkins, *The Object Stares Back: On the Nature of Seeing* (Simon & Schuster, 1996), 42~43쪽.

한다. 아래 그림은 그런 배열의 구조를 표시해준다. 아래 그림은 이 삼각관계에서 생산되는 법적 정의를 다루는 법미학의 분과를 네 가지로 나타내고 있다. 각 분과에 관해서는 뒤에서 다시 논의하기로 한다. 이 삼각관계에서 미학적 체험, 이미지 그리고 법의 배열관계는 여섯 가지인데, 이들을 크게 이미지가 법적 정의를 매개하는 유형(⟨1⟩)과 이미지가 법적 정의에 뒤따르고 반영하는 유형(⟨2⟩), 그리고 이미지가 법적 정의의 생산을 주도하는 유형(⟨3⟩)으로 나눌 수 있다.

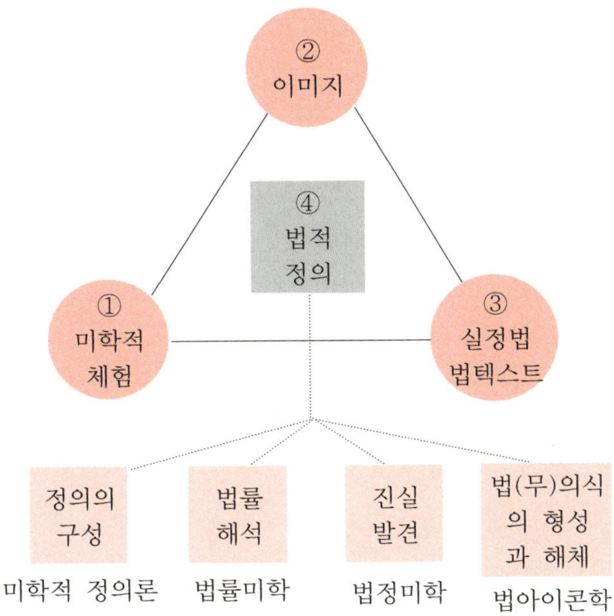

(1) 이미지가 매개하는 법적 정의

첫째, 이미지는 미학적 체험에서 생성한 가치를 법텍스트에 옮기는 관계에 놓일 수 있다[①→②→③]. 예컨대 사형이 추한 것으로 체험되고, (영화 『원티드』(wanted)의 모건 프리먼처럼) '진노의 날'을 빌미로 하여 조작된 심판의 이미지가 생성되고, 그 이미지가 사형의 추함을 법적 부정의로 번역해주는 것을 들 수 있다.

둘째, 이와는 정반대로 법텍스트의 (해석에 의해 형성되는 법적) 가치를 미학적 체험으로 옮기는 관계에 놓일 수 있다[③→(④)→②→①]. 예컨대 진료거부죄(의료법 제15조 제1항, 제89조)의 정당한 이유에서 진료비부족을 배제시키는 해석을 하고, 그것을 의료인들이 수용한다면, 의료인들에게 히포크라테스 이미지가 얼마간 생성되고, 진료거부죄의 가치는 아름다움으로 체험될 수 있다.

(2) 법적 정의의 생산에 수반하는 이미지

셋째, 그러나 미학적 체험이 언제나 이미지로 결실되거나 그래야만 하는 것은 아니다. 이미지를 형성하지 않는 미학적 체험이 있을 수 있고, 그런 체험도 분명 법의 형성에 구성적인 영향력을 미칠 수 있고[①→③], 그런 후에 이미지가 형성될 수 있다[①→③→②]. 가령 동성애에 대한 아름다움의 체험이 보편화되면, 아니 적어도 추함의 체험이 사라지게 되면, 동성애를 승인하는 법제의 변화가 있고, 동성애는 정상애의 이미지를 가질 수 있고, 반면에 동성애를 승인하는 법제는 양성애적으로 해석된[27] 정의의 여신상(유스티치아) 이미지를 갖게 될 수도 있을 것이다.

넷째, 이와는 반대로 법텍스트도 그것의 의미가 일반화되면

---

27) 이에 관해서는 [6] 단원 Ⅱ.2.(2).(나) 참조.

이미지의 매개 없이 직접 미학적 체험을 가져올 수도 있고[③→①], 그런 후에 이미지가 형성될 수 있다[③→①→②]. 가령 Dworkin이 판결을 연작소설(chain novel)이라고 말할 때[28] 법텍스트의 현실로서 판결은 직접 미학적 체험을 가능케 하며, 그런 판결을 한 법관에게는 예술가의 이미지가 형성될 수도 있다.

(3) 이미지가 주도하는 법적 정의의 생산

다섯째, 더 나아가 이미지가 이미 생성되고 그것이 미학적 체험을 보편화시켜, 법텍스트의 의미를 새롭게 구성하는 과정도 가능하다[②→①→③]. 예컨대 사형수도 아름다운 영혼의 소유자일 수 있음을 그린 영화가 창출하는 인간이미지는 사형제도의 추함을 체험하게 하고, 그런 체험이 보편화되면 사형제도의 법을 폐지하게 만들 수 있다.

여섯째, 이와 정반대로 이미지가 생성되고, 법텍스트가 변화된 후 미학적 체험이 일어날 수도 있다[②→③→①]. 가령 간통행위에 대해 페미니즘의 합리적 여성상 이미지가 생성된다면, 페미니즘적 개혁 드라이브는 간통죄의 폐지를 가져올 수 있고, 그런 폐지 후에 간통의 개념이 사라지거나 그 개념에서 추함의 요소가 사라지는 체험이 일어날 수 있다.

Ⅲ. 미학적 정의의 차원과 현상

이미지를 매개로, 또는 이미지의 매개 없이 미학적 가치와 정

28) R. Dworkin (장영민 역), *법의 제국(Law's Empire)* (아카넷, 2004), 325~330쪽.

의관련적 가치(도덕적 가치, 경제적 가치, 정치적 가치 등)가 융합한다면 이를 '미학적 정의'(aesthetic justice)라고 부를 수 있다. 그러면 미학과 정의의 복합어로서 미학적 정의라고 할 때 아름다움과 정의, 미학적 가치와 다른 가치, 즉 정의관련적 가치와의 관계는 어떻게 이해해야 하는 것일까? 이 물음에 대하여 미학이론들은 오랜 세월 동안 크게 두 가지 진영으로 나누어진다. 도구주의와 자율주의의 대립이 바로 그것이다. 어떤 입장이든 미학적 가치와 도덕적 가치, 더 정확히는 정의관련적 가치를 별개의 것으로 봄을 전제한다. 이런 입장을 미학적 정의의 이원론(dualism of aesthetic justice)이라 부를 수 있다. 도구주의는 미학적 가치가 도덕적 가치를 실현하기 위한 수단으로 보는 반면, 자율주의는 양자는 서로 무관하다고 보는 차이가 있을 뿐이다. 이에 대해 미학적 가치와 정의관련적 가치를 하나로 보는 입장을 미학적 정의의 일원론(monism of aesthetic justice)이라고 부를 수 있다.

아래에서는 도구주의(아래 1)와 자율주의(아래 2)를 설명하고 각 진영이 법미학에서 어떻게 유효성을 갖는지 그리고 양자는 어떻게 하나로 종합(미학적 정의의 일원론)될 수 있는지(아래 3)를 논의한다.

1. 미학적 도구주의와 공리주의적 법미학

미학적 가치와 정의관련적 가치들의 관계를 바라보는 근본입장의 하나는 예술적 아름다움의 가치는 예술 밖에 위치한 세계에서 설정된 목표를 달성하는 데 기여하기 때문에 승인되는 것이라고 본다.

(1) 미학적 도구주의

이런 입장을 대표하는 Diffey는 예술의 가치는 어떤 기능(들)을 수행한다는 점에 있다고 보면서 이를 미학적 도구주의(aesthetic instrumentalism)이라고 불렀다.[29] 즉 예술과 그 아름다움은 다양한 방식으로 우리들의 정서에 영향을 미치고, 세계에 대한 인지적인 이해를 촉진시키며, 정치적 의식을 북돋고, 미래를 예언해준다는 것이다. 이런 입장에서 예술의 가치는 외향적인 가치(extrinsic value)가 된다. 또한 예술의 가치는 그 예술이 수행하는 기능을 대신할 수 있는 다른 어떤 것, 심지어 비예술적인 것에 의해서도 대체가능하게 된다.

> 예컨대 사형이 추하다는 체험은 사형이 가치가 없다는 정치적 의식을 촉진시키고, 사형을 폐지하는 법제화로 나아갈 수 있게 해준다. 이때 사형의 추함을 체험하게 해준 아름다운 예술작품의 하나로 예컨대 공지영의 『우리들의 행복한 시간』(2005)[30]을 들 수 있다. 미학적 도구주의는 이런 작품의 아름다움이 사형의 무가치성에 대한 정치적 의식을 촉진시킨다는 데에 있다고 보는 것이다. 하지만 사형의 폐지를 가져오는 정치적 의식의 촉진이라는 결과는 반드시 이 작품을 읽는 독자들의 미학적 체험에 의해서만 초래되는 것은 아니다. 즉 비예술적인 것에 의해 대체가능하다.

또한 미학적 도구주의는 미학적 체험과 기능수행 사이에 인과성을 긍정해야만 한다. 만약 인과성이 없다면 작품 외적 기능

---

29) T.J. Diffey, "Aesthetic Instrumentalism", *The Britisch Journal of Aesthetics* (Vol. 22, 1982), 337~349쪽.

30) 이 소설은 유복하게 살아 왔지만 정신적으로 황폐한 여교수가 불행한 아동기를 보낸 사형수와 서로 이해해가고 사랑에 빠지는 과정을 그렸다. 또한 이 소설은 사형수가 사형집행을 당하기까지 용서와 화해, 사랑의 정신으로 충만한 종교적 인간으로 거듭나는 과정을 그리고 있다.

수행의 결과가 그 작품에 대한 미학적 체험에 귀속될 수 없기 때문이다.

> 가령 나처럼 이 작품이 아름답지 않고 종교적 세계관을 은연 중에 확산시키고, 사형수를 치료의 대상으로 위치시키는 이데올로기적 성격이 있다[31]는 점에서 추하다고 보는 경우에도 이 작품을 읽는 독자들은 사형폐지의 정치적 의식을 가질 수 있다.

그러므로 자율주의자들은 예술작품이 세계와 소통하는 과정에서 일어나는 '경험적 반응들은 불규칙성'(irregularities of empirical response)을 띤다는 점에서 미학적 도구주의의 인과적 사고를 비판하게 된다.[32]

(2) 법미학의 공리주의적 차원

미학적 도구주의에서 미학적 가치의 장소인 목표의 개념에다 법적 정의를 대입해넣으면 아름다움의 체험은 법적 정의를 발견하는 데 도움을 주는 방편으로 자리매김 된다.

(가) 심미적 가치와 법적 정의의 수렴명제 이런 입장의 하나로 Scarry는 '아름다움은 진리와 연합한다'(allied with truth)고 한다. 그녀에 의하면 아름다움이 곧 진리는 아니지만 아름다운 것과 진리가 수렴하는 객체들이 분명히 존재한다는 것이다.[33] 이

---

31) 이런 비판으로 이상돈, "법문학이란 무엇인가?", *고려법학* (제48호, 2007), 64쪽 참조.

32) 이런 비판을 비인과성의 논증(argument from noncausality)이라고 한다. 이에 관해 Casey Hakins, "Paradoxes of Autonomy; Or, Why Won't the Problem of Artistic Justification Go Away?" *The Journal of Aesthetics and Art Criticism* (Vol.58, No.1. Winter, 2000), 3쪽.

33) Elaine Scarry, *On Beauty and Being Just* (Princeton University

'동일객체에로의 수렴—명제'는 두 가지 방향으로 이해할 수 있다. 첫째는 아름다움은 어떤 대상의 속성이고, 그 대상은 동시에 진리의 속성도 갖고 있다는 것을 의미한다. 결국 아름다움과 진리를 연결해주는 것은 어떤 대상이며, 그런 대상은 존재론적 실체나 형이상학적 이념이기 쉽다. 그렇기에 그녀가 말하듯 아름다움이 신성하고, 전례가 없고, 생명을 구하며 숙고를 유발하는 속성을 띠는 것은 아름다움 자체 때문이 아니라 그런 존재론적 실체나 형이상학적 이념 때문이다. 자칫 미학이 아리스토텔레스적인 형이상학으로 되돌아가기 쉽다. 그러나 Scarry 자신은 이런 입장을 취한 것으로 보이지는 않는다.

둘째, 동일객체에로의 수렴—명제는 미학적 도구주의와 유사한 공리주의적 기획으로 이해할 수 있다. 그래서 Scarry는 법미학이란 아름다움이 우리를 어떻게 정의로 안내해주거나 안내를 도와주는지를 설명하는 이론[34]이라고 한다. 이를테면 아름다움의 비례감(beauty's sense of proportion), 특히 대칭성(symmetry)은 정의의 특징인 균형과 평등의 발견을 도와준다는 것이다. 이런 이해는 일단 법에 공리주의적 기반(utilitarian underpinnig)을 제공하는 이론으로 이해될 수 있다.[35] 그래서 그녀의 입장을 공리주의적 법미학이라고 부를 수 있다.

(나) 법아이콘학과 법정미학의 유효성 물론 공리주의적 법미학

Press, 1999), 51~52쪽.

34) Elaine Scarry, 앞의 책, 93쪽.

35) Nancy Perkins Spyke, "The instrumental value of beauty in the pursuit of justice", *University of San Francisco Law Review* (Winter, 2006), 451~452쪽 참조.

이 법미학의 전부는 아니다. 법미학은 아름다움이 정의를 구성하는 사회적 현상을 분석, 비판하고 때로는 교정하는 학문으로 이해될 필요가 있다. 그런 학문은 법인식론이 될 수도 있고, 해체주의적 정의론이 될 수도 있고, 또 다른 그 무엇이 될 가능성을 지닌 분과로 이해될 수 있다. 그러나 공리주의적 법미학은, 미학적 자율주의와의 대립이나 통합가능성 등의 문제와는 별개로, 그리고 미학적 도구주의에 반대하는 미학이론을 취한다고 하더라도, 법학의 한 분과로서, 그리고 법미학의 한 유형으로서는 분명 독자성과 유용성을 갖고 있다.

예컨대 유스티치아와 같은 아이콘의 눈가리개가 비당파성이 아니라 흑인에게 무차별적으로 칼을 휘두르는 장님의 추함으로 체험된다면 미국의 형사사법이 부정의하다는 정치적 의식의 생장을 촉진시키는 기능을 할 수 있다. 이러한 법미학적 현상을 다루는 분과를 법아이콘학[36]이라고 이름 지을 수 있겠다.

또 다른 예로 피고인과 증인의 진술을 수사학적으로 아름답게 꾸며주는 변호준비를 통해 법관들로 하여금 그들의 진술이 진실이라는 인식을 갖게 만든다면 아름다움의 체험이 진실발견의 목적달성에 기여하는 것이며, 그리고 그것이 정말 진실이라면 사법정의의 실현에도 적지 않은 몫을 하는 셈이 된다. 이러한 법미학적 현상을 다루는 분과를 법정미학[37]이라고 이름 지을 수 있겠다.

36) 자세한 것은 [5]단원 (법아이콘학) 참조.
37) 자세한 것은 [4]단원 (법정미학) 참조.

2. 미학적 자율주의와 형식주의적 법미학

미학적 도구주의에 대치되는 근본입장은 예술적 아름다움의 가치는 그 자체로서 존재하는 것일 뿐 작품 밖의 세계와의 어떤 연관으로부터 인정되는 것은 아니라는 것이다.

(1) 미학적 자율주의

즉 예술작품은 그들에게 가치를 부여하는 어떤 것(특히 삶의 목적이나 근거)의 일부분이 아니며, 예술은 통상적인 의미에서 어떤 정당화도 필요하지 않으며, 역설적이게도 바로 그렇기 때문에 정당화된다는 것이다. 그러므로 예술의 가치는 그 내부에 있는 고유한 것, 즉 내향적인 가치(intrinsic value)이다. 미학적 가치가 내향적 가치라면, 예술작품의 밖에 있는 다른 어떤 것, 특히 비예술작품에 의해 대체될 여지도 완전히 사라지게 된다. 왜냐하면 그런 대체가능성이란 곧 예술의 특유한 정체성, 다시 말해 자율성을 잃어버리게 만드는 것이기 때문이다. 또한 미학적 자율주의의 입장에서 보면 예술작품이 세계와 소통하는 과정에서 사람들로부터 어떤 경험적 반응을 받게 되는 지는 아무런 규칙성도 없는 것이 된다. 그래서 대표적으로 자율주의에 속하는 Greenberg는 이렇게 말한다. "나는 도덕성이 어떤 의미에서든 미학적 요소에 의해 영향 받아야 한다고 느껴본 적이 없다. 그것은 완전한 분리이다 … 나는 예술을 실제적인 의미에서 어떤 것을 가지는 것(having ever), 인간사의 과정에 관계되는 것으로 바라보지 않는다."[38]

---

38) Clement Greenberg, *Modernism and Modernity: The Vancouver Conference Papers* (The Press of the Nova Scotia College of Art and

사실 엄밀히 말하면 미학적 자율주의는 예술작품에 대한 사람들의 경험적 반응에 아예 관심을 가지지 않을 때 가장 순수한 의미의 미학적 자율주의가 될 것이다. 그런 미학적 자율주의는 다른 모든 가치보다 미학적 가치가 우월한 것이 된다. 이런 미학적 자율주의는 "급진적 미학주의"(radical aestheticism)이라고 부를 수 있다. 이런 입장에 서게 되면 예술이 삶을 위해 존재하는 것이 아니라 우리의 삶이 예술을 위해 존재하게 된다.

<table>
<tr><td></td><td colspan="2">미학이론</td></tr>
<tr><td></td><td>도구주의</td><td>자율주의</td></tr>
<tr><td>정당화기초</td><td>사회적 기능의 수행</td><td>예술 그 자체</td></tr>
<tr><td>가치의 성격</td><td>외향적 extrinsic</td><td>내향적 intrinsic</td></tr>
<tr><td>대체가능성</td><td>있음</td><td>없음</td></tr>
<tr><td>미학적 체험과 기능수행 사이의 인과성</td><td>긍정</td><td>부정</td></tr>
<tr><td></td><td>법아이콘학, 법정미학</td><td>법률미학</td></tr>
<tr><td></td><td colspan="2">법이론</td></tr>
</table>

(2) 법미학의 형식주의적 차원

미학적 자율주의에서 미학적 가치의 장소인 예술작품의 내향적 가치(intrinsic value)에다 법적 정의를 대입해넣으면 그 미학적 가치를 생산하는 양식 자체가 법적 정의의 내용으로 변환된다.

(가) 미학적 양식의 법가치성 다시 말해 미학적 자율주의는 법학에서는 미학적 형식주의(aesthetic formalism)로 번역되기

Design, 1983), 190쪽.

쉽다. 가령 법적 정의는 법률이 기획하는 정치적, 경제적 또는 도덕적 목표의 실현과 같은 공리적 유용성의 차원과는 절연한 채, 단지 법률텍스트의 특정한 양식이 주는 아름다움에 의해서 보증된다고 생각하는 것이다. 이런 생각에서 미학적 자율주의는 사회적 승인의 절정을 경험하게 된다.

하지만 이렇게 다양한 가치를 실현하는 법이 아름다움의 보편적 양식을 다른 어떤 가치보다 우선하는 가치로 받아들이는 것이 일종의 규칙성을 띤다면, 바꿔 말해 법원칙의 하나가 된다면, 그것은 예술작품 밖의 세계와 소통하는 과정에서의 '경험적 반응의 불규칙성'을 주장하는 미학적 자율주의의 입장과는 배치되는 것이 아닌가 하는 의문이 등장한다. 여기서 미학적 자율주의의 입장이 다소 재해석될 필요가 있다. 미학적 자율주의가, 깊은 산속에 혼자 고립되어 자연의 아름다움을 자족적으로 누리며 살아가는 삶의 태도, 즉 고립주의로 변질되지 않으려면, 자율주의는 사회적 승인을 외면하는 것은 아니어야 한다. 아름다움의 보편적 양식의 법가치성을 인정하는 것은 그런 사회적 승인의 하나일 뿐이다. 이 승인은 예술작품에 대한 불규칙한 경험적 반응과 구별되는, 예술작품에 대한 규칙적인 선험적 반응이라고 말할 수 있다.

(나) **법률미학** 이와 같이 예술작품에 대한 규칙적인 선험적 반응의 하나로서 미학적 양식을 법가치의 하나로 받아들이는 법미학은 주로 법률텍스트의 균형성(proportionality), 정합성(coherence), 대칭성(symmetry)을 법개혁에서 교정적 이념으로 삼는다. 예컨대 제조물책임법은 제조물의 하자에 대한 정보가 생

산자와 소비자 사이에 비대칭적으로 분배되어 있음을 고려한다. 그래서 법률텍스트는 정보의 비대칭성을 교정하는 방향으로 짜인다. 이를테면 제4조 제1항은 "제조업자가 당해 제조물을 공급한 때의 과학·기술수준으로는 결함의 존재를 발견할 수 없었다는 사실"(동항 제2호)을 입증하면 손해배상책임을 면하게 한다. 이는 반대로 그런 결함의 부존재를 당대의 과학기술수준으로 입증할 수 없는 경우에도 제조업자가 손해배상책임을 지게 됨을 의미한다.

이런 비대칭성의 교정이 민법 제750조의 불법행위책임에서는 결핍되어 있다. 그러므로 제750조는 정보가 대칭적으로 분배된 대등한 개인들 사이에서는 권리와 의무를 대칭적으로 분배하고, 자유이익을 최대화한다는 점에서 아름답지만, 정보가 비대칭적으로 분배된 관계에서는 권리와 의무의 분배에서 실질적으로 대칭성을 띨 수 없는 미학적 결함이 존재한다. 그런 결함은 교정되어야 하는 것이고, 그 교정이 민법 자체 내에서 이루어진 것이 아니라 특별법에 의해 이루어졌다. 설령 특히 기업인의 관점에서 볼 때 제조물책임소송이 기업경영을 악화시키고, 국민경제의 생산성을 위축시켜 결국 전체사회적 자원배분의 최적화 실현에 방해가 된다고 하더라도, 즉 경제적 가치가 외면되더라도 미학적 가치를 우선한 것이다.

3. 미학적 정의의 통합적 차원

미학적 도구주의와 미학적 자율주의 사이의 논쟁은 서구철학사에서는 결코 끝나지 않을 것이라고 진단되기도 한다. 특히 사물에 대한 인간의 인식은 그 인식을 가능케 하는 범주에 의해 구성되는 지각현상이므로 외부의 영향을 받지 않는 자율성이 있지만, 그 범주는 지각대상의 배후에 있는 물자체(Ding an sich)와 관련이 없을 수 없는 것이라는 이율배반성이 해소되지 않는 한, 미학적 가치에서 자율주의와 도구주의의 논쟁도 해소되지 않을 것이다.[39)]

(1) 이원론의 완화된 모습

도구주의나 자율주의처럼 미학적 가치와 정의관련적 가치를 별개의 것으로 보지 않고 하나로 보는 입장을 미학적 정의의 '일원론'(monism of aesthetic justice)이라고 부를 수 있다. 이 일원론의 경향은 도구주의와 자율주의 내부에서도 나타나기도 한다.

㈎ **도구적 자율주의** 예컨대 Budd는 급진적 미학주의의 의미를 제거한 미학적 자율주의를 표방한다. 즉, 미학적 가치는 예술작품의 순수한 내향적 가치가 아니라 "어떤 입장에서건 간에 예술작품의 경험이 사람들에게 주는 실제효과(actual effects) 또는 사람들이 예술작품을 경험하게 되면 생성되는 효과들이라는 가치"[40)]라고 정의한다. 이처럼 작품 그 자체가 아니라 그것이 주는 경험의 효과를 말하게 되면, 미학적 가치는 어느 정도 도구주의적 요소를 띠게 된다. 이런 입장을 도구적 자율주의라고 부를 수 있다. 도구적 자율주의는 예술이 정의관련적 가치를 생성시키는 방편이 되는 정도로까지 도구주의적 요소에 비중을 두지는

39) 이런 입장으로 Casey Hakins, "Paradoxes of Autonomy; Or, Why Won't the Problem of Artistic Justification Go Away?" *The Journal of Aesthetics and Art Criticism* (Vol.58, No. 1, Winter, 2000), 17~18쪽.

40) Malcolm Budd, *Values of Art: Pictures, Poetry, and Music* (Penguin, 1997), 5쪽.

않는다. 다시 말해 다른 가치와 미학적 가치를 목적-수단의 관계에 놓지는 않는다는 것이다. 아마도 Budd의 관점은 급진적 미학주의"(radical aestheticism)라고 부를 수 있는 차원을 제거하는 데에 그 의미가 있을 것 같다. 즉 미학적 가치가 언제나 다른 모든 가치들보다 우월하며, 그래서 심지어 삶이 예술을 위하여 존재하게 될 정도로 극화된 미학주의의 순수한 이상을 제거해내는 데에 그 실천적 의미가 있다고 보인다.

> 가령 이와 같은 도구적 자율주의의 입장에서 보면 앞에서 설명한 제조물책임영역과 관련한 민법 제750조의 미학적 결함은 더 이상 결함이 아니라고 말할 수 있게 된다. 왜냐하면 설령 제조물책임에 관련하여 민법 제750조가 미학적 가치를 경제적 가치보다 우선시키지 못했다고 해서 그것이 미학적 가치의 자율성을 침해하는 것은 아니기 때문이다. 미학적 가치와 경쟁적인 경제적 가치나 도덕적 가치를 고려하고 있다면, 민법이라는 작품의 경험이 사람들에게 주는 효과의 가치는 적어도 '반(反)미학적'이라고 단정 지을 수는 없기 때문이다.

(나) **자율적 도구주의** 이런 입장과 정반대되는 도구주의를 자율적 도구주의라고 말할 수 있겠다. 미학적 가치는 외향적 가치라는 명제를 유지하면서 미학적 가치가 도구적 가치의 일부를 구성함을 인정하는 것이다. 예컨대 Carroll[41]은 "어떤 경우에 예술작품에서 도덕적 결함은 또한 미학적 결함이 될 수 있고, 도덕적 미덕은 때때로 미학적 가치로 중요할 수 있다"고 말한다. 특히 소설이나 영화의 내러티브가 갖는 도덕적 미덕에 대한 상상

---

41) Noel Carroll, "Moderate Moralism", *British Journal of Aesthetics* (Vol. 36, 1996), 223~238쪽.

은 예술적 경험의 한 부분이 될 수 있다고 본다. 그는 이런 자신의 입장을 "온건한 도덕주의"(moderate moralism)이라고 부르는데, 종래의 미학적 도구주의와 다른 점은 미학적 가치가 그 외부의 다른 가치들을 실현하는 수단이라는 점을 수정하여 미학적 가치에 도덕적 가치가 일부 내재화된다는 점을 인정하는 데에 있다.

이 자율적 도구주의의 입장에 서서 제조물책임에서 정보의 비대칭성을 실질적으로 고려해 넣지 못한 민법 제750조의 텍스트를 바라보자. 이 텍스트는 생산자와 소비자에게 권리와 의무를 형식적으로 대칭 분배한다는 점에서 (실천이성적 의미에서) 도덕적 가치를, 그리고 과도한 제조물책임의 부과가 국민경제에 부정적일 수 있다는 경제적 가치를 실현하고 있는 것일 수 있다. 또한 그와 같은 도덕적, 경제적 가치는 민법 제750조의 미학적 가치의 일부를 구성한다고 볼 수 있다. 따라서 자율적 도구주의(또는 온건한 도덕주의)에 의하면 민법 제750조의 텍스트는 미학적 결함이 명확하다고 단정지을 수 없게 된다.

(2) 미학적 정의의 일원론

미학적 가치와 정의관련적 가치의 이원론적 괴리를 궁극적으로 극복하는 이론은 동양철학에서 발견된다. 아름다움과 옳음 그리고 좋음을 생성론적으로 하나로 바라보는 것이다.

㈎ **동양적 일원론** 미학적 가치와 도덕적 가치, 바꿔 말해 아름다움과 정의의 통합의 가장 완벽한 형태는 동양철학에서 발견된다. 왕삐(王弼)의 다음과 같은 주석이 주목할 만하다.

> “아름다움이라는 것은 나의 마음이라는 몸각이 나아가 좋아하는 것이다. 추함이라는 것은 나의 마음이라는 몸각이 받아들이지 않는 싫어하는 것이다. 즉 아름다움과 추함은 좋아함과 싫어함으로 번역될 수 있는 것이다. 선하다 선하지 않다는 것도 결국 나의 몸각의 옳다 그르다는 느낌인 것이다. 좋아함과 싫어함은 그 몸의 뿌리가 같은 것이다. 옳음과 그름은 그 몸의 문이 같은 것이다. 그러므로 그러한 양면성의 일면만을 고집할 수는 없다(美者, 人心之所進樂也; 惡者, 人心之所惡疾也. 美惡, 猶喜怒也; 善不善, 猶是非也. 喜怒同根, 是非同門, 故不可得而偏擧也.)”[42]

이 번역은 김용옥의 번역인데, 몸각이라는 그의 이론이 개입된 번역임을 알 수 있다. 일단 몸각이라는 요소를 제외해 놓고 보면, 왕삐의 사상에서 아름다움과 추함, (이성적인 의미의) 옳음과 그름, (윤리적인 의미의) 좋음과 싫음은 모두 그 뿌리가 같은 것이 된다. 이렇게 옳음과 좋음 그리고 아름다움이, 바꿔 말해 진(眞), 선(善), 미(美)[43]가 합일태를 이룬다고 보면, 미학적 정의는 진선미의 합일태를 표현하는 것이므로, 저절로 정당화된다. 즉 ‘미학적 가치’와 (미학이론의 논쟁에서 도덕적 가치로 표현된) ‘정의관련적 가치’(도덕, 경제, 정치)의 관계에 관한 도구주의와 자율주의의 대립과 갈등, 그리고 온건한 도구주의와 온건한 자율주의에 남아 있는 대립과 갈등은 완전히 해소되고 만다.

42) 이 번역은 김용옥, *아름다움과 추함* (통나무, 1987), 81쪽.

43) 진선미는 지금은 케이블방송으로 밀려 났지만 수십 년 동안 공중파 방송을 탔던 미스코리아 선발대회의 입상자 호칭이다. 주관적이지만 지금보다 70,80년대의 대회입상자를 보면 가장 예쁜 여자는 미스코리아 진이나 선보다 미인 경우가 많았다. 진은 예쁨이 부족해도 교양과 지식을 좀 더 겸비한 여자에게, 선은 예쁨이 부족해도 덕성이 좀 더 높아 보이는 이미지의 여자에게 돌아간 듯하다. 그렇기에 가장 예뻐 보이는 여자가 미에 선발될 때 탄식의 마음과 공정성에 대한 의혹의 눈초리를 보냈던 대중들이 많았다. 그러나 아름다움이 진선미의 합일태라고 한다면, 그 탄식과 의혹도 덧없는 것이 된다.

다음으로 김용옥은 심미적 가치의 특성은 윤리적 가치와 달리 모두 긍정적이라고 말하는 점에 주목할 필요가 있다.

> "심미적 가치의 특성은 그 판단이 기본적으로 긍정적이라는 것이다. 심미적 판단은 내재적이며 가장 원초적 경험방식에 기초하고 있으며, 이것의 긍정을 위하여 저것의 배제적 부정을 전제하지 않는다. 미도 긍정되는 가치인가 하면 추도 긍정되는 가치이다. 백치 아다다가 못생겼다고 해서 우리는 그를 윤리적 악으로 규정하지 않는다. 추함은 추한대로 긍정되는 존재의 쾌락적 향유의 원천이다"[44]

이렇게 볼 때 아름다움과 추함, 옳음과 그름 그리고 좋음과 싫음은 모두 '몸에 잘 맞는가' '그렇지 아니한가' 라는 동일한 체험의 지평에서 생성되는 긍정적 가치의 두 가지 인지양태일 뿐이다.

(나) 니체의 일원론 이와 같은 미학적 정의의 일원론은 서양에서도 발견된다. 니체(Nietzsche)가 대표적이다.

ㄱ) 예술생리학과 미학적 정의 니체는 주인적 인간유형을 초인(Übermensch)이라고 부르고 노예적 인간인 종말인(Der letzte Mensch)과 구분짓는다. 종말인은 자기보전과 안전을 추구하며 이성을 빌미로 만든 선과 악의 (의식 중심적) 도덕(예: 자기보존, 인류애, 평등 등)을 추종하는 반면, 초인은 생명력이 넘치는 강한 자로서 스스로 가치를 창조하고(자기입법자), 자신의

44) 김용옥, 앞의 책, 78~79쪽.

주관적인 좋음과 나쁨을 도덕으로 삼음으로써 선악의 도덕 저편에 우뚝 선 존재이다. 초인에게 삶은 선악의 잣대로 평가될 것이 아니라 예술작품처럼 '힘에의 의지'(Wille zur Macht)를 실현하는 것이어야 한다. 힘의 의지를 실현하는 정도에 따라 좋음과 나쁨이 — 이분법적인 평가가 아니라 양적 차이의 평가로서[45] — 결정된다. 이런 좋음과 나쁨의 판단은 윤리적 판단이 아니라 심미적 판단이다. 아름답다는 판단은 '힘의 상승'이라는, 그리고 추하다는 판단은 '힘의 하강'이라는 생리적 느낌인 것이다. 그렇기에 미학적 가치는 삶의 에너지를 증강시키는 힘의 상승(힘에의 의지 실현)에 빠진 도취감이며, 이 느낌이 바로 고귀함(noble)이다. 그러므로 "니체의 고귀함 개념은 도덕과 미학이 상호 내재적으로 관계 맺는 개념이다. 이 '고귀함' 개념은 법미학이 독립된 학문분과로서 발전해 나가는데 중요한 단초이다"[46]라고 말할 수 있다.

ㄴ) 니체의 법미학적 지평 니체의 이 사상에서 세 가지 점이 주목된다. 첫째, 서양의 정신사에서 볼 때, 니체의 초인사상과 힘에의 의지 개념에 의해 선악과 이성중심의 도덕(노예도덕 Sklavenmoral)은 생리적 느낌의 미추판단(주인도덕 Herrenmoral)으로 대체된다. 그래서 정의는 곧 사랑이며, '정신을 경계하면서'[47] '삶을 강화'(enforcement of life)[48]하는 '긍정적인 충

45) 이 해석에 관하여는 백승영, *니체, 디오니소스적 긍정의 철학* (책세상, 2005), 588쪽.

46) 민윤영, *니체(Nietzsche)의 법이론: 법에서 모더니즘의 해체* (고려대학교 석사학위논문, 2007), 31쪽.

47) 문자의 폭력을 비판한 데리다의 그라마톨로지는 니체보다 하이데거적인 전통, 즉 카톨릭적인 텍스트 작업의 연장선에 있으며, 니체는 문자를 폭력으로

동'이다. 둘째, 이런 의미의 정의는 현세의 실정법에는 부재한다는 점이다. 그러므로 니체는 법실증주의자가 아니다.[49] 오히려 법은 실정법의 가치정립을 부정하는 니힐리즘에 의해서 생성되기 시작하는 것이며, 초인의 '힘에의 의지'에 의해 비로소 실재가 된다.[50] 셋째, 고귀함은 '연민'(noble compassion)이라는 새로운 정의를 낳는다. 고귀한 연민은 대칭적인 교환적 정의나 고통의 무의미함을 부정하고 의무론적인 도덕적 자선이나 동정 또는 박애와는 다르다. 그것은 여분의 에너지를 지닌 강자가 자신의 여분을 아무런 조건 없이 고통 받는 자에게 나누어 주는 것이다.[51] 이는 불교의 자비(慈悲) 사상과 유사하다. 고귀한 연민은 동시에 삶을 강화하는 것이기도 하다.

[동정(자선, 박애)과 공감 사이의 연민] 연민(憐憫 com-

보지 않고, 다만 문자에 대립항인 정신을 경계했다고 보는 Richard Weisberg, "Nietzsche's Hermeneutics: Good and Bad Interpreters of Texts", Peter Goodrich / Mariana Valverde (편), *Nietzsche and Legal Theory: Half-written Laws* (Routledge, 2005), 152쪽.

48) 니체에게 있어 자기 자신이 되는 것은 곧 삶을 강화하는 과정이고, 독자적으로 선의 목록을 만들어가는 '가치의 정화'(purifying values) 과정이기도 하다. 이런 니체사상의 자세한 설명은 Simon May, *Nietzsche's Ethics and his War on 'Morality'* (Oxford university press, 1999), 104~116쪽, 특히 107쪽 참조.

49) 여기서 법이 의지의 실재라고 하여 니체의 사상이 법실증주의로 오해 되어서는 안 된다. 그는 형이상학적 도덕의 법도 부정하지만, 실정법에도 법은 부재한다고 본다. 힘에의 의지 사상에서 비롯된 법의 명령설적인 요소는 분명 '메타실정법적'인 차원에 위치한다.

50) 이처럼 힘에의 의지로서, 니힐리즘으로서, 법의 부재로서의 실정법을 설명하는 Philippe Nonet, "What is positive law?" *The Yale Law Journal* (Vol. 100, No. 3, Dec., 1990), 667~699쪽 참조.

51) Marinos Diamantides, "Law's Ignoble Compassion", Peter Goodrich/ Mariana Valverde (편), *Nietzsche and Legal Theory: Half-written Laws* (Routledge, 2005), 98쪽.

passion)은 동정(同情 Mitleid, pity)과 구분된다. 동정은 공감(Mitgefühl)에 기초해 있지 않고, 약자나 병든 자를 긍휼히 여김으로써 동정하는 사람은 도덕적 존재가 되어가는 보상이 주어진다. 또한 동정은 전체 공동체의 차원에서 펼쳐지면 자선(慈善 charity)이 되고, 전 인류의 차원에서 펼쳐지면 박애(博愛 humanity)[52]가 된다. 니체에게는 동정이나 공동체화된 자선, 또는 세계화된 박애 모두가 노예도덕에 속한다. 또한 종교윤리적 동정에는 공동의 기쁨(Mitfreude)이 더해질 수 있고, 그럴 경우 동정은 공감(Mitgefühl)이 될 수 있다. 그러나 공동의 기쁨은 니체의 주인도덕에 속하기 어렵다. 니체의 연민은 정신을 경계하면서'[53] '삶을 강화'(enforcement of life)[54]하는 '긍정적인 충동'의 발현이며, 초인이 되어가는 과정이기 때문이다. 다만 연민에 상호성(민주성)이 내재한다고 본다면 연민은 공감이 된다.

(3) 미학적 정의의 분석과 종합

지금까지 살펴 본 미학적 정의의 이원론과 일원론은 미학적 정의의 두 얼굴이다. 즉, 미학적 정의는 이성적인 옳고 그름, 윤리적인 좋고 나쁨 그리고 심미적인 아름다움과 추함을 하나로 통합하는 종합적(synthetic) 측면과 그 셋을 각각 고유한 정의의

---

52) 김정현, *니체의 몸철학* (문학과 현실사, 2000), 189쪽에서는 박애라고 번역함.

53) 문자의 폭력을 비판한 데리다의 그라마톨로지는 니체보다 하이데거적인 전통, 즉 카톨릭적인 텍스트 작업의 연장선에 있으며, 니체는 문자를 폭력으로 보지 않고, 다만 문자에 대립항인 정신을 경계했다고 보는 Richard Weisberg, "Nietzsche's Hermeneutics: Good and Bad Interpreters of Texts", Peter Goodrich / Mariana Valverde (편), *Nietzsche and Legal Theory: Half-written Laws* (Routledge, 2005), 152쪽.

54) 니체에게 있어 자기 자신이 되는 것은 곧 삶을 강화하는 과정이고, 독자적으로 선의 목록을 만들어가는 '가치의 정화'(purifying values) 과정이기도 하다. 이런 니체사상의 자세한 설명은 Simon May, *Nietzsche's Ethics and his War on 'Morality'* (Oxford university press, 1999), 104~116쪽, 특히 107쪽 참조.

범주로 구별하는 분석적(analytic) 측면을 갖고 있다. 서구사회에서 지배적인 미학적 정의의 이원론(완화된 이원론)은 분석적 측면만을, 그것도 — 미학적 가치와 도덕적 가치의 분화에서 도덕적 가치는 정의관련적 가치, 즉 정의를 구성하는 도덕적, 경제적, 정치적 가치를 포괄하지 못한다는 점에서 — 불완전하게 다루고 있는 반면, 동양의 노자철학이나 니체의 예술생리학에서 지배적인 일원론은 종합적 측면만을 다루고 있는 셈이다.

(가) 아름다움, 옳음, 좋음의 범주적 구별과 분석 먼저 이들 세 가지의 가치들은 범주적으로 구별되어야 할 필요가 있다. 왜냐하면 이 세 가지 가치들이 같은 생성의 근원을 갖고 있어도 그것이 나타는 현상의 차원에서는 이 세 가지 가치가 서로 충돌할 수 있고, 그런 충돌은 법적 정의를 구성함에 있어 반드시 고려되어야 하기 때문이다. 이를 테면 위의 동양철학처럼 이 세 가지 가치가 합일태를 이룬다는 측면만을 강조한다면, 모든 가치는 그저 몸에 잘 맞는다, 안 맞는다는 판단양식으로만 표현될 수 있을 뿐이다.

ㄱ) 담론적 분화의 역사와 현실 그러나 예컨대 아름다움에 내재된 정의관련적 가치와 정의에 내재된 미학적 가치가 구별될 필요가 있고, 또한 아름다움과 정의관련적 가치가 완전히 분리된 경우도 상정할 수 있다. 그러므로 세 가지가 서로 분화될 수 있으며 또 서로 충돌할 수도 있음을 바라보아야 한다. 이런 점에서 미학적 정의는 이원론, 정확히는 삼원론의 관점에서 이해되어야 한다. 다만 여기서 주의해야 할 점은 이런 분석적 차원이

법적 정의가 자연법론적인 의미에서 형이상학적 이념이나 존재론적 실체라고 보는 것은 아니라는 점이다. 분석적 차원은 근대시민사회와 근대법의 성립과 발전에 따라 법에 대한 담론과 아름다움에 대한 담론이 분화되어 발전함으로써 오늘날 법적 담론과 미학적 담론은 각기 고유한 개념과 이론, 규칙과 원칙, 그리고 서로 다른 기술적 장치들에 의해 수행되고 있다는 의미로 이해되어야 한다.

ㄴ) 심미적 가치의 이원적 코드화　　또한 심미적 가치도 단일한 것이 아니라 이원적인 것으로 이해되어야 한다. 예컨대 김용옥처럼 심미적 가치가 아름다움이든 추함이든 모두 '긍정적 가치'라고 바라보는 것은 심미적 가치를 법적 정의 속에 변환시킬 수 없게 한다. 니체의 예술생리학적 정의 개념에서도 마찬가지 문제가 있다. 즉 좋음과 나쁨으로서 힘의 상승과 힘의 하강이라는 느낌은 단지 양적 차이에 불과한 것이지 이분법적인 평가가 아니라고 이해된다.[55] 왜냐하면 삶의 증강이 양적 크기와 무관하게 자기 자신이 되는 과정, 즉 노예에서 주인이 되는 '순수한 생성'(innocence of becoming)[56]의 과정이기 때문이라 한다.

그러나 이와 같은 미추 개념의 미분화는 심미적 가치를 법적 가치판단의 이원적 구조(합법과 불법)에 들어올 수가 없게 만든다. 여기서 철학이나 미학이 아니라 법학으로서 법미학에서는 심

55) 이 해석에 관하여는 백승영, *니체, 디오니소스적 긍정의 철학* (책세상, 2005), 588쪽.

56) Marinos Diamantides, "Law's Ignoble Compassion", Peter Goodrich/ Mariana Valverde (편), *Nietzsche and Legal Theory: Half-written Laws* (Routledge, 2005), 101쪽.

미적 가치를 이원화할 필요가 있다. 즉 아름다움을 가치(Wert)로 추함을 반가치(反價値 Unwert)로 코드화하는 분석적 차원이 필요한 것이다. 그래야만 미학적 가치가 법적 정의로 변환될 수 있기 때문이다.

(나) **아름다움, 옳음, 좋음의 생성론적 차원에서의 종합태** 다음으로 이성적인 옳고 그름, 윤리적인 좋고 나쁨 그리고 심미적인 아름다움과 추함을 하나로 통합하는 종합적(synthetic) 측면은 아름다움, 옳음 그리고 좋음의 생성론적 차원에서 타당하다. 이들은 같은 근원을 갖고 있기 때문이다.

ㄱ) **생성의 근원으로서 대화적 의사소통** 다만 세 가지 가치들의 정당성기초는, 몸각이라는 개념보다는, 다 같이 대화적인 의사소통에서 광범위한 합의의 가능성에 의해 마련될 수 있다. 예를 들어 기부금에 대해서 소득세를 공제해주는 것은 부담(기부)과 이익(법적 혜택)이 맞대응된다는 점에서 이성적으로 옳고, 사회적 약자 등을 위한 자원으로 사용된다는 점에서 윤리적으로 좋은 일이며, 또한 아름다운 일로 받아들여지는 기부행위를 촉진시킨다는 점에서 그 역시 아름다운 것이 된다. 그런데 이러한 세 가치의 승인은 하나의 대화적인 의사소통 속에서 동시적으로 일어난다. 세 가지 가치의 생성이 시차(時差)를 두고, 별개의 의사소통에 의해 일어나야만 하는 것이 아니다. 그러면 아름다움이 왜 대화적 의사소통에서 생성되는 것일까? 여기서 두 가지 점을 지적할 필요가 있다.

첫째, 아름다움의 지각은 그 지각의 대상에 생기를 주고, 바로 그로 인해 지각자도 생기를 얻게 된다.[57] 하지만 아름다움과의 교류가 독백적이면 그처럼 생기를 주는 기능이 지속하기 어렵다. 그런 교류의 체험내용을 다른 사람들이 함께 나누어 가질 때 비로소 '생기'는 지속적으로 재생산될 수 있기 때문이다. 그런데 함께 나누어갖는다는 것은 그것을 가능케 하는 사람들 사이의 상호작용적 관계방식이나 대화적 소통의 양상 때문이다. 이런 의미에서 아름다움은 대상의 속성이 아니라 상호주관적인 교류와 소통의 구성물이라고 볼 수 있다. 여기서 상호주관적인 교류와 소통의 방식이 모든 개인에게 자유롭고 기회 균등한 참여의 기회를 주는가를 기준으로 이성적인 경우와 그렇지 못한 경우(예: 미 개념을 정의하는 권력 Definitionsmacht의 독점)를 나눌 수 있다면, 우리는 '심미적 이성'(ästhetische Vernunft)의 개념까지도 말할 수 있게 된다. 둘째, 아름다움을 생성하는 의사소통의 차원은 코리오그래피(choreography)와도 같다. 춤은 완전하게 태어나는 인간에게 삶을 가능케 하는 공동체, 오늘날의 국가와 법을 형성시키는 소통의 양식이기 때문이다.[58]

ㄴ) 미학적 정의론 또한 법적 정의의 이상은 이 종합적 측면에서만 밝혀진다. 즉 가장 정의로운 법이라면 이성적으로 옳고, 윤리적으로 좋으며, 그리고 심미적으로 아름다워야 하는 것이다. 이런 이상은 세 가지 가치들 사이의 간극과 대립을 해소할

57) 그래서 Scarry는 "그러므로 아름다움은 아름다운 존재(사람이나 사물)와 지각자 사이의 협정(compact) 또는 계약(contract)이다."라고 말한다. Elaine Scarry, *On Beauty and Being Just* (Princeton University Press, 1999), 1999, 90쪽.

58) 이에 관해 뒤의 [2] 단원 Ⅲ.2.(2).㈐ 참조.

수 있어야 하고, 그 해소의 작업은 세 가지가 생성론적으로 동일한 근원을 갖고 있다는 점을 바라보지 않고는 결코 시작될 수가 없다. 이와 같은 미학적 가치와 정의관련적 가치의 생성론적 종합의 차원을 다루는 법미학의 분과를 미학적 정의론[59]이라고 이름 지을 수 있겠다. 즉 생성론적 차원은 아름다움이 곧 정의이고(beauty as truth) 정의가 곧 아름다움이 되는 차원이다.[60] 일상언어적으로도 가령 정말 사안에 딱 들어맞는 정의의 기준을 두고 "그건 정말 예술적이야"라고 말할 수 있고, 거꾸로 심미적인 감흥을 주는 예술작품을 두고, "이건 정말 옳은 것이야"[61]라고 말할 수 있다. 특히 창조적이며, 감성적이며, 도발적인 심미적 체험은 법해석이 "창조적 해석"(creative interpretation)[62]의 성격을 띨 때 새로운 정의를 설정하는 실질이 될 수 있다. 그래서 "미학적 정의"(aesthetic justice)[63]라는 개념을 사용할 수 있다. 앞에서는 문학작품의 미학적 체험이 사형폐지의 정치적 의식을 촉진시키는 도구적 기능을 수행하는 측면에서 설명한 바 있다.

---

59) 이에 관해 뒤의 [3] 단원 참조.

60) 그런데 아름다움의 차원에 대한 인식으로 Nancy Perkins Spyke, "The instrumental value of beauty in the pursuit of justice", *University of San Francisco Law Review* (Winter, 2006), 457쪽 참조.

61) 요즘 신세대의 유행어에 '착한 몸매'라는 표현이 있다. 몸매가 '아름답다'는 것을 '착하다', 즉 '선하다'라는 도덕적, 윤리적 가치로 표현함으로써 오히려 아름다움의 체험이 강조된다. 이런 강조는 아름다움과 가치가 서구적인 합리성의 분화 속에 틀 지워져 온 역사를 배후로 둘 때에야 비로소 가능한 것이 된다.

62) 이 개념을 Dworkin은 예술작품과 법의 해석 모두에 적용한다. 창조적 해석은 (작품과 단순히 대화하는 해석이 아니라 작품을) 구성하는 해석이다. 이에 관해서 Ronald Dworkin (장영민 옮김), *법의 제국(Law'Empire)* (대우학술총서 572; 아카넷, 2004), 80~84쪽 참조.

63) Louis B. Schwartz, "Justice, Expediency and Beauty", *University of Pennsylvania Law Review* (November, 1987), 147쪽.

문학작품의 도구적 기능은 여기서 일단 제쳐놓자. 실제 어떤 작품이 정말로 어느 정도의 사형폐지의식을 인과적으로 초래했는지를 분석해낼 수도 없다. 그보다 여기서 중요한 점은 사형이 부정의하다는 판단은 어쨌든 궁극적으로는 사형이 인류문명의 하나로 수용하기에는 추하다는 체험이 시민들에게 보편화될 때 비로소 진정으로 가능해진다는 점이다. 다시 말해 정의의 생성으로서 부정의의 제거가 아름다움의 생성으로서 추함의 제거와 함께 진행된다는 것이다.

ㄷ) 공정성으로서 미학적 정의 이런 미학적 정의의 대표적인 예는 아마도 공정성(fairness)일 듯하다. 미학적 정의는 종래의 가치론적 차원에서 말하는 다양한 함의의 정의 개념과 완전히 포개질 수는 없다. 그러나 미학적 정의는 정의 개념에서 형이상학적, 존재론적 함의나 신성성을 빼내고 남은 정의 개념으로서 공정성의 개념과는 포개질 수 있다고 믿기 쉽다. 예컨대 Schwartz는 미국의 법학교육에서 편의성(expediency)이 지배적인 정의의 판단기준이 되어 오는 것을 비판하고, 미학적 정의는 — 곧 아름다움이 정의가 되는 현상은 — '올바름'과 '들어맞음'이 융합하여 새롭게 의미를 형성하는 것이라고 이해한다.[64] 미국의 영화들의 아름다움도 법의 공정성에 대한 신념을 어지럽히지 않는 데에 있다고 보기도 한다.[65] 여기서 편의성은 아마도 모든

64) Louis B. Schwartz, 앞의 논문, 143~146쪽 참조.

65) Stefan Machura, "Procedural Unfairness in real and film Trials: Why Do Audiences Understand Stories Places in Foreign Legal System?" Michael Freeman (편), *Law and Popular Culture, Current Legal Issues 2004* (Vol. 7, Oxford University Press, 2005), 148~159, 특히 150쪽 참조.

사회구성원이 한결 잘 살게 됨을 의미할 것이다. 즉 법경제학적으로 사회적 총효용이 극대화되고, 자원의 배분상태가 최적화되는 상태를 의미한다.

그러나 법적 정의는 공정성 개념보다 더 넓은 것일 뿐만 아니라, 심지어 공정거래법이나 증권거래법과 같이 법적 정의가 공정성 개념에 환원되는 법영역에서도, 법적 정의는 결코 편의성을 배제하지 않는다. 다시 말해 미학적 정의는 편의성이 정의의 내용이 되는 것, 바꿔 말하면 경제적 가치를 배제하는 것은 아니다.

> 가령 케이블방송사의 소유를 공정거래법상의 기업집단에게 제한한다고 할 때 그것이 정의롭다고 하기 위해서는 방송시장에 참여할 자유를 평등하게 보장하는 것이면서, 대기업의 방송산업 독점으로 인한 폐해를 — 이것은 결코 아름답지 못하고 추한 것인데 — 방지하는 것이면서 아울러 소비자 입장에서 케이블방송의 이용에서 누리는 편의성(예: 멀티미디어서비스의 혜택증대)도 최대한의 것이 될 수 있어야 한다.

여기서 우리는 법적 정의는 예컨대 '평등한 자유'와 같은 종래의 '가치론적인 정의'와 '미학적 정의' 그리고 (경제적) '편의성'이 모두 실현된 교집합의 상태를 가리킨다고 보아야 한다. Schwartz가 정의를 낳는 심미적 반응을 두고 한 말 "just right"[66]는 이런 교집합 상태일 때에야 진정으로 "just right"한 것이 된다. 즉 "just right"는 "정말 옳아"이자 "정말 맞아" 그리고 동시에 "정말 좋아"라는 감탄을 낳는 것이어야 한다.[67] 여기

---

66) Louis B. Schwartz, "Justice, Expediency and Beauty", *University of Pennsylvania Law Review* (November, 1987), 141~182쪽, 특히 146쪽 참조.

67) 동양인에게 선은 아름다움과 미분화된 심미적 상태로서의 선, 즉 좋음

서 아름다움은 옳음과 좋음과 하나의 패키지로 생성될 수는 있지만, 그것이 법적 정의의 유일한 요소가 되는 것이 아님을 알 수 있다. 왜냐하면 미학적 가치와 함께 언제나 일정한 도덕적, 경제적, 정치적 가치가 옳음과 좋음 그리고 아름다움의 생성과정 속에서 법적 정의로 유입되고 있기 때문이다.

(good)도 아니며, 그 대칭어가 악(evil)도 아닌 상태의 선을 두고 '착할 선'이나 '좋을 선'이 아닌 '잘 선'으로 훈을 달아야 한다는 견해(김용옥, *아름다움과 추함* (통나무, 1887), 80쪽)를 고려해보면, "just right"는 "정말 잘된 거야"라고 번역될 수 있을 것이다.

[2]

법미학의 개념, 유형, 특성

I. 법미학의 개념

1. 학제적 법학의 신생아

법미학은 법과 ~ (the law ands), 이를테면 법과 사회, 법과 경제학, 법과 문학, 법과 심리학, 법과 인류학, 법과 여성학 등과 같은 명칭의 학제적 법학[1] 가운데 하나이다. 우리 사회에서도 법사회학, 법경제학, 법여성학 그리고 법문학은 이제 중요한 법학의 한 분과로 자리 잡았다. 법심리학이 그 뒤를 이어 빠르게 성장하고 있다.

[법미학의 이웃으로서 법문학] 아름다움이 법적 정의를 구성

1) 이 개념에 대해서 이상돈, *기초법학*(법문사, 2008), [17] 단원 Ⅲ 참조.

하는 것, 그리고 이 분야를 전문화하고 있는 법미학과 법문학은 서로 이웃하고 있다고 할 수 있다. 예컨대 '법은 그 자체로서 연작소설과 같은 문학이 된다'는 Dworkin의 법문학적 통찰을 보자.[2] 판결이 연작소설이라고 하면 법의 소설적 측면만을 얼핏 떠올리기 쉽지만, 그렇게 정의내림으로써 정반대로 연작소설의 문학적 아름다움은 법적 정의의 요소로 되새김될 가능성이 열린다. 즉 그런 법문학적 통찰을 통해 법의 정의는 문학적 아름다움으로 이체되는 것이다. 판결문의 문학적 추함은 판결 자체를 제약하게 만들 수 있다는 것이다.[3]

법과 미학(law and aesthetics)이 융합된 법미학은 '학제적 법학'의 가장 최근 태어난 신생아에 가깝다. 그러므로 법미학은 아직 "확정된 논제"(definite topic)[4]를 지닌 분야가 아니라 그것이 무엇인지를 "문의하는 공동체"[5]의 잠정적인 시도의 단계에 있다고 평가되기도 한다. 하지만 법미학은, 법과 ~의 기초법학에서도 가장 미학적 정의의 관념에 접근해 있는 법문학도 완전히 극복하지 못하는 로고스중심주의(logocentrism)[6]를 완전히 벗어나 법적 정의의 새로운 지평을 열어줄 수 있는 학문으로 기대되기도 한다.

---

2) 드워킨(Dworkin)의 연작소설론에 관해서는 이상돈/이소영, *법문학* (신영사, 2005), 80~83쪽 참조.

3) 이 삽입단락의 내용은 이상돈, *기초법학* (법문사, 2008), [1] 단원 Ⅳ.2.(1).(나) 단락을 발췌한 것임.

4) Anna Di Robilant, "The Aesthetics of Law", *Global Jurist Advances* (Vol. 1, Issue 2, Article 1, 2001), 2쪽.

5) Roberta Kevelson, "Introduction: Dialectic, Conflicts in Cultural Norms, Law and Legal Aesthetic", Roberta Kevelson (ed.), *Law and Aesthetics* (Peter Lang, 1992), 1, 2쪽.

6) Anna Di Robilant, 앞의 논문, 3쪽.

2. 법미학 개념의 구성요소

법미학(legal aesthetics)을 가장 일반적으로 정의해본다면 Robilant의 다음과 같은 정의보다 더 나은 것이 현재까지의 문헌에서는 아직 발견되지 않을 듯하다.

> "기호학적 관점에서 보면, 법미학은 시대마다 법이 지시하는 일련의 가치들에 관련된다. 법은 미학적 체험(aesthetic sense)에 의해 가치가 부여되는 기호와 상징의 체계라고 논증되어 왔다. 바꿔 말해 법미학이라는 표현은, 자명한 가치이건 함축적인 가치이건, 법의 이론과 실무를 관통하는 명백한 힘으로 자리 잡는 그런 가치들에 관계한다."7)

이 개념정의를 좀 더 분석적으로, 그리고 좀 더 발전시켜 보면 법미학의 개념은 ① 미학적 체험, ② 가치, ③ 기호와 상징, ④ 법, ⑤ 힘이라는 다섯 가지 구성요소로 이루어진다. Robilant의 개념에서 법미학은 법을 미학적 체험이 가치를 부여하는 기호와 상징의 체계로 바라보는 학문이다. 이런 개념정의에서는 법은 미학적 체험의 일방적인 생산물이 된다. 또한 미학적 체험은 자신이 생산한 법을 통해 힘을 행사하게 된다.

7) Anna Di Robilant, 앞의 논문, 3쪽.

Ⅱ. 법미학의 분과들

1. 법미학의 네 가지 분과

법미학은 다섯 가지 구성요소들(① 미학적 체험, ② 가치, ③ 기호와 상징, ④ 법, ⑤ 힘)이 어떻게 배치되느냐에 따라 다양한 분과를 생산해낼 수 있다. 그 대표적인 분과로 아래서는 네 가지를 설정하기로 한다.

(1) 미학적 정의론

Robilant의 개념정의는 법미학의 다섯 가지 개념요소들을 ①→②→③→④→⑤의 순으로 나열시킨다. 그러나 이것은 법미학의 단지 한 분과인 '미학적 정의론'(aesthetic justice), 즉 아름다움이 정의가 되고 그 정의를 입력한 기호와 상징체계가 법이 되고, 그 법에 의해 아름다움의 정의가 현실을 규율하는 힘으로 전환되는 현상에 관한 이론을 연구하는 분과만을 표현해준다.

예컨대 앞의 사형폐지론에서 보듯 ① 사형의 추함에 대한 보편적 체험은 ② 사형제도가 추구하는 가치를 부정의한 것으로 판정짓고, ③ 사형을 통한 법의 정의상징을 잘라내고, ④ 그에 따라 사형폐지의 법을 만들어, ⑤ 사형을 통해 사람들이 반문명적인 살인충동을 옮게나마/이나마 향유하는 현실을 극복하는 힘을 발휘하게 된다.

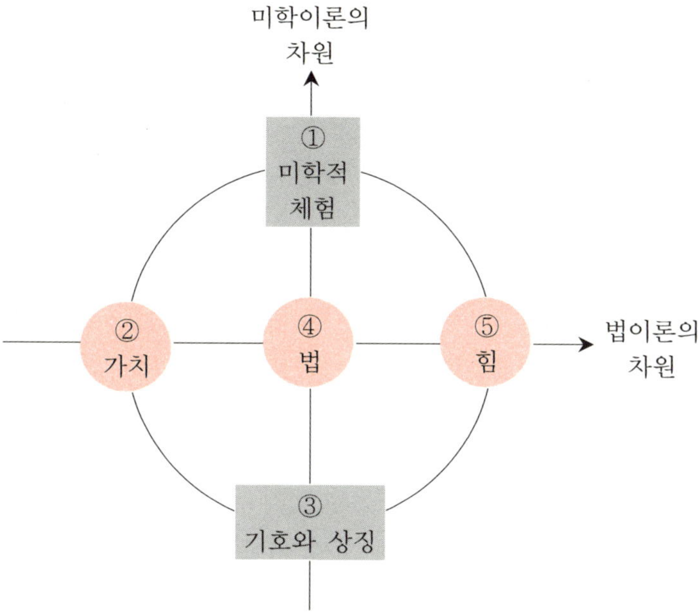

그러나 법미학을 구성하는 개념요소들은 미학적 정의론과는 다른 순서로 배열될 수 있고, 그 다른 순서로 배열되는 구조를 띤 다른 법미학의 분과도 가능하다. 그런 분과로 아래에서 세 가지 더 들기로 한다. Robilant의 법미학 개념은 이들을 포섭하지 못한다.

(2) 법률미학

첫째, 법의 기호와 상징들이 갖는 아름다움을 연구하고, 거기에서 이루어지는 미학적 체험을 통해 법이 반성적으로 변화되고 [그에 따라 새로운 가치가 법의 힘에 의해 실현되어가는] 현상을 연구하는 분과, 즉 ④→③→①→④[→②&⑤]의 궤도를 움직이는 연구분과가 있을 수 있다. 그런 연구분과를 아래서 나는 법률미학(협의의 legal aesthetics)라고 정의한다. 법률텍스트미학이라고 부를 수도 있다. 예컨대 의료인과 환자가 만나는 생활세계의 규범적 기반을 형성하는 ④ 의료법에서 ③ 환자는 의사선택권을 누리되, 의사는 환자선택권을 누리지 못하는 비대칭성은 ① 아름답지 못한 것이며, 그런 추함의 요소를 법이 ④ 스스로 반성적으로 제거하는 변화, 이를 테면 사회법적인 국민건강보험법에서는 의료인이 요양기관의 종사자로서 요양급여를 거부할 수 없게 하지만(국민건강보험법 제40조 제4항), 의료생활세계의 기본법으로서 의료법에서는 권리와 의무를 대칭적으로 분배하는 아름다움을 좇아 의사의 진료거부금지 조항(의료법 제15조 제1항)을 폐지하는[아울러 ② 의사와 환자 사이에서 의사의 후견인적 의무의 윤리적 가치보다 상호신뢰가 의료관계의 새로운 가치가 되고, 그 가치가 ⑤ 법의 힘에 의해 실현되는] 변화로 나아갈 수 있다.

(3) 법정미학

법정에서 아름다움의 기호와 상징은 사실인정에서 적지 않은 영향력을 발휘한다. 한 가지 예를 들어보자. 미국의 배심재판에서 금발의 백인미녀가 지적인 목소리로 자신의 살인은 강간살해의 위협을 받는 가운데 “어쩔 수 없이 저는 그 짐승을 죽여야만 했”었다고 진술할 때, 배심원들은 ③ 그녀의 아름다운 상징들, 시각적 매력과 호소력 있는 수사 그리고 지적 목소리가 주는 ① 미학적 체험에서 발생하는 ⑤ 신뢰의 ‘힘’을 피할 수 없고, ④ 그 힘에 이끌려 무죄의 평결을 내리게 되는 [아울러 그로써 ② 성적 자기결정권이라는 가치가 반사적으로 (때로는 과잉으로) 보호되는] 일이 적지 않다.

이처럼 법정의 심리에서 ③ 미추의 기호와 상징이 ① 일정한 미학적 체험을 가져오고, 그로부터 ⑤ 신뢰 또는 불신의 힘이 생성되며, ④ 그 힘에 이끌려 유·무죄의 평결이 좌우되는 [아울러 그런 평결에 의해 일정한 가치가 실현되기도 하고 거꾸로 차단되기도 하는] 현상을 연구하는 분과, 즉 ③→①→⑤→④[→②]의 궤도를 움직이는 연구분과를 법정미학(forensic aesthetics)이라 부를 수 있다. 법정미학은 법정심리학과 불가분의 관계에 놓인다. 왜냐하면 미학적 체험은 내면의 심리적 현상으로 옮겨지기 때문이다.

(4) 법아이콘학

또한 정의의 여신상 유스티치아에서 보듯 눈가리개와 같은 맹목성의 기호가 갖는 상징은 역사적으로 현실이 그런 상징이 주는 의미로 규율되어야 한다는 힘을 얻을 수 있고, 그 힘을 배경으로 여신상에 대한 미학적 체험이 지속적으로 재생산되고, 그에 따라 법도 맹목성의 상징적 의미를 구현하는 지향성을 가질 수 있게 되며 그런 법은 다시 예컨대 비당파성이라는 가치를 실현할 수도 있다. 이처럼 일정한 기호와 상징이 현실을 규율하는 힘을 갖고 그 힘의 영향 아래 미학적 체험이 이루어지고, 법은 그 체험의 의미에 지향되고 그렇게 함으로써 일정한 가치를 실현하는 현상을 연구하는 분과, 즉 ③→⑤→①→④[→②]의 궤도를 움직이는 연구분과를 법아이콘학(legal iconography)이라 부를 수 있다.

2. 법미학의 개념과 구조

(1) 개방적 법미학

이와 같은 다양한 법미학의 분과를 아우르는 개념은 미학적 체험, 가치, 기호와 상징, 법, 힘이라는 다섯 가지 구성요소들의 배열을 개방시켜 놓는 것이어야 한다. 결국 그런 개념은 '미학적 체험, 가치, 기호와 상징, 법, 힘의 상호관계를 연구하는 분과'라는 식으로 정립될 수밖에 없다. 다만 법미학이란 법이론과 미학이론이 교차하는 학문임을 인식할 필요가 있다. 법이론은 〈법 — 가치(정의, 당위) — 힘(현실, 존재)〉 사이에 펼쳐지는 상호작용의 차원에서 작동한다면(앞의 그림에서 가로축), 미학이론은 법을 소재로 함을 전제로 볼 때 〈미학적 체험 — 미학적 소재로서 법 — 기호와 상징〉 사이에 펼쳐지는 상호작용의 차원에서 작동한다(앞의 그림에서 세로축).

법과 아름다움을 연구하는 분과가 단지 법의 미학(aesthetics of law)이거나 미학의 법(law of aesthetics)에 머무르지 않고 '법미학'(광의의 legal aesthetics, Rrechtsästhetik)이 되는 것은 법이론과 미학이론이 따로 떨어져 있지 않고, 다양한 방식과 양상으로 교차되기 때문이다. 이 둘의 교차 방식과 양상은 앞에서 언급한 다섯 가지 분과 이외에도 새로운 법미학의 분과를 구축할 수 있는 개방성을 갖고 있다. 그 개방성은 이미지가 미학적 가치와 법적 정의를 매개하는 현상을 연구하는 것을 법이미지학으로 독립시키는 것도 허용한다.

(2) 법미학의 유형적 구조

그처럼 법이론과 미학이론이 교차되는 방식과 양상을 구조적으로 분석해낼 수 있는 한 가지 틀을 고안해보자. 구조형성의 가장 보편적인 방법은 매트릭스를 만드는 것이다.

(가) 분석틀 우선 법과 아름다움의 관계를 내재적인(intern) 관계와 외재적인(extern) 관계로 구조화할 수 있다. 여기서 외재적 관계란 법의 기호체계 밖에 존재하는 아름다움이 법에 어떤 영향을 미치는지를 분석대상으로 삼는 것을 말한다. 이에 비해 내재적 관계란 법의 기호체계 안에 또는 법의 상징으로서 존재하는 아름다움을 가리킨다.

> 그리고 여기서 법에 내재적인 또는 외재적인 아름다움이라고 할 때 그것은 아름다움 그 자체를 말할 뿐 아름다움을 체험하게 하는 재화를 가리키는 것은 아니다. 예컨대 정의의 여신 유스티치아를 형상화한 조각품 자체를 법이 보존한다고 하면, 그 법의 영역은 법미학이 아니라 문화재법(학)에 속하게 될 뿐이다. 물론 미학적 가치를 지닌 재화를 "미적인 재산"으로 개념화하고, 그것의 최대화와 적정분배 그리고 교육을 통한 미학적 가치의 인지와 체험능력의 성장 등을 미학적 복지(aesthetic welfare)라고 부를 수 있다. 미학적 복지는 법적 정의의 한 부분이 될 수 있고, 또한 그런 정의의 차원을 미학적 정의라고 이름 붙일 수도 있겠다.[8] 그러나 이 분과는 법미학에 속하는 것이 아니라 여전히 문화재법(학)으로 개념화하는 것이 적절하다.

---

8) 이러한 시도로 Monroe G. Beardsley, "Aesthetic Welfare, Aesthetic Justice, and Educational Policy", *Journal of Aesthetic Education* (Vol. 7, No. 4, 1973), 49~61쪽,

법미학을 구조화하는 또 다른 요소는 법미학적 분석의 대상이 일차적으로 '아름다움'의 법이 되는가 아니면 '법'의 아름다움이 되는가 하는 기준이다. 일차적으로 아름다움을 분석한다는 것은, 아름다움 또는 그 체험이 법을 구성하는 관계를 분석하는 것을 말한다. 이때 법미학은 아름다움의 법에 관한 학문이 된다. 이에 비해 일차적으로 법을 분석한다는 것은 법의 기호와 상징 또는 이미지가 어떤 아름다움과 심미적 체험을 유발하는지를 분석하는 것을 말한다. 이때 법미학은 법의 아름다움에 관한 학문이 된다.

(나) **법미학의 네 가지 유형** 이 두 가지 기준을 서로 매트릭스 시켜 보면 크게 네 가지 분야의 법미학이 유형적으로 구분될 수 있다.

미학적 정의론은 아름다움이 법적 정의의 기준이 되는 현상, 즉 법의 '내재적' 요소가 되는 현상을 다룬다. 또한 사실인정에서 구성적 역할을 하는 미학적 요소를 분석하고 그것을 소송법이론에 활용하는 법정미학은 법의 기호와 상징 밖에 위치하는, 즉 법에 대해 '외재적인' 미학적 요소가 법적용을 결정하는 현상을 다룬다.

	'내재적' (intern) 아름다움	'외재적' (extern) 아름다움
아름다움의 법	• 미학적 정의론 (aesthetic justice)	• 법정미학 (forensic aesthetics)
법의 아름다움	• 법률미학 (legal aesthetic)	• 법아이콘학 (legal iconography)

이미지와 법

이러한 법미학의 분과와는 달리 법의 아름다움을 연구하는 분과로 법률미학과 법아이콘학을 들 수 있다. 법률미학은 법의 기호와 상징이 갖는 구조적 이미지(structural images)[9)]의 미학적 차원을 분석한다는 점에서 법에 대해 '내재적인' 아름다움의 현상을 다룬다. 하지만 법률미학은 단지 법의 미학으로 남지 않는다는 점에 주의할 필요가 있다. 법적 기호와 상징의 심미적 판단은 법을 반성적으로 변화시킬 수 있기 때문에 아름다움이 법을 구성하는 차원도 함께 갖는다는 점에서 다시금 미학적 정의론으로 합류할 수 있다. 마지막으로 법아이콘학은 법적 정의의 압축적인 '도형적' 상징화를 통해 정의의 미학적 체험을 유발하는 현상을 분석한다. 이때 아름다움은 법에 대해 '외재적인' 이미지로서 존재한다. 하지만 법적 정의의 도형적 상징화가 유발하는 미학적 체험의 의미에다 법이 그 방향성을 맞춰 나아갈 수 있다는 점에서 법아이콘학에서도 아름다움은 간접적으로 그리고 거시적으로 법의 형성에 영향을 미칠 수는 있다.

그리고 이 네 가지 법미학의 분과에는 모두 이미지가 미학적 체험과 법과 함께 삼각관계를 이루며 법적 정의의 형성에 구성적 역할을 수행한다. 그런 이미지를 연구하는 분과를 법이미지학으로 독립시킬 수도 있다. 하지만 이 책에서는 앞에서[10)] 간략히

9) 이런 개념을 사용하는 Anna Di Robilant, "The Aesthetics of Law", *Global Jurist Advances* (Vol. 1, Issue 2, Article 1, 2001), 4쪽; Robilant에 의하면 구조적 이미지란 법원(法源)의 구조를 이루는 이미지나 도식을 가리킨다. Robilant는 구조적 이미지에 미학적으로 경험되는 도상적인 이미지이면 무엇이든 간에, 예컨대 법전의 스타일(the style of a code)까지 포함시킨다. 가령 판덱텐 시스템의 구조에 대한 연구도 법률미학에 들어가게 된다. 그러나 법텍스트의 스타일은 많은 경우 그 법의 반성적 재구성에 직접 관계되지 않는 경우도 많고, 그럴 경우는 정의의 여신상에 대한 상징분석처럼 법아이콘학의 한 분과로 분류되는 것이 적절할 듯하다.

설명한 것으로 법이미지학의 논의를 대신하기로 한다.

Ⅲ. 법미학의 특성적 이해

1. 음소거의 법

이제까지의 논의에서 보면, 아름다움 또는 그 체험이 법의 생산이나 적용, 실행에 관여한다는 점은 명확하다. 그러나 그런 관여의 방식은 명확하지가 않다. 왜냐하면 아름다움의 관여는 소리가 없고, 말로 드러낼 수가 없는 그 무엇이기 때문이다. 그래서 아름다움이 어떤 방식으로든 개입해 있는 법을 일단 "음소거의 법(mute law)"[11]이라고 불러보자. 이 음소거의 법은 법이 아름다움과 그 체험에 관계되어 있는 차원을 가리킨다. 현대적인 법이론은 이처럼 법적 의미에 대한 단지 언어학적인 이해로부터 말해지지 않은(unspoken law) 또는 아이콘적인 법의 발견으로 중심이 이동하고 있다.[12]

(1) 음소거의 구조적 특징

이 음소거의 법이 종래의 말해지는 법, 말할 수 있는 법(spoken law)과 어떻게 다른지를 살펴보자. 음소거의 법은 종래

10) 앞의 [1]단원 Ⅱ. 참조.

11) 이 개념은 Rodolfo Sacco, "Mute Law", *American Journal of Comparative Law* (Summer, 1995), 455~467쪽에서 빌려 왔다. 하지만 이하에서 분석하는 바는 전적으로 내가 고안해낸 분석틀(특히 ①~④의 특성)에 따른 것임을 일러둔다.

12) 이런 경향을 지적한 Desmond Manderson/David Caudill, "Modes of Law: Musical and Legal Theory—An Interdisciplinary Workshop Introduction", *Cardozo Law Review* (Vol. 20, 1999), 1326쪽.

의 법개념과 대비함으로써 접근이 가능해질 수 있다. 종래의 법은 성문법이든 불문법이든, 법률에서든 판례에서든, 공식적이며, 글로 되어 있고, 변경이 없는 한 따르게 된다는 점에서 '관행적인' 것이며 또한 실정법의 제정권력에 의해 그 효력이 담보되어 있다는 점에서 실정적(positive)이다. 그렇다면 음소거의 법은 일단 이의 반대항들에 의해 특징지울 수 있다. 즉 ① 비공식적(informal)이며, ② 글로 되어 있지 않으며(unwritten), ③ 탈관습적(postconventional)[13]이며 ④ 비실정적(unestablished)이다. 아래서는 각 항목에 대해 충족하는 경우를 ○=1점, 절반정도 충족하는 경우를 △=0.5, 충족하지 않는 경우를 ×=0로 표기하여 설명한다.

(2) 음소거된 법의 유형과 단계

예를 들어 법관이 가짜 그림을 샤갈그림으로 팔아 이익을 챙긴 행위에 사기죄를 적용하는 바와 같이 단순하게 법(형법 제347조 제1항)을 적용하는 것은 '말할 수 있는 법'의 전형이며, 음소거된 법의 네 가지 특징을 모두 충족하지 못한다(음소거의 정도=0점). 물론 해석이 판례를 변경하는 경우에는 탈관습적이다. 다음으로 사회규범은 전체사회에서 보면 비공식적이기 쉬우나, 그 규범이 생성되고 일반적으로 준수되는 하부문화에서는 공식적이며, 글로 되어 있지 않지만 때로는 글로 표현되기도 하고, 관행적이며, 실정법에 수용되어 있는 경우도 있고 그렇지 않은 경우도 있으나 실정법의 일반조항(예: 민법 제103조의 공서양속,

13) 법미학이 법의 역사를 분석할 때 통상적으로 사용하는 관습적인 이론적 틀(conventional theoretical framework)을 깨는 시도라는 견해로 Anna Di Robilant, "The Aesthetics of Law", *Global Jurist Advances* (Vol. 1, Issue 2, Article 1, 2001), 3쪽 참조.

형법 제20조 사회상규)을 통해 실정법으로 유입될 가능성을 갖고 있다(음소거의 정도=1.5점). 관습법은 사회규범보다 다소 더 음소거의 측면이 강해진다. 즉 관습법은 본질적으로 관습적이며, 법원에 의해 채택될 수도 안 될 수도 있는 데, 채택되는 경우는 실정적이고, 공식적인 규범이 되고, 안 되는 경우에는 비실정적이며, 비공식적이긴 하지만, 대체로 글로 되어 있지 않다(음소거의 정도=2점).

		법률 적용	사회 규범	관습법	비공식 법	미학적 정의
말해지지 않는 법 mute law	비공식적임 informal	×	△	△	○	○
	글로 되어 있지 않음 unwritten	×	△	○	○	○
	탈관습적임 postconventional	×	×	×	×	○
	비실정적임 unestablished	×	△	△	○	○
	음소거의 정도	0	1.5	2	3	4
미학적 정의	실행적임 performative					○
	창조적임 creative					○

(점수기준 ○=1, △=0.5, ×=0)

이보다 '비공식적인 법'(informelle Programme)[14]의 현상에서는 좀 더 음소거의 차원이 강화된다. 여기서 비공식적인 법이란 예컨대 보석허가가 난 사건에서는 나중에 적어도 유죄가 인정되더라도 집행유예를 받게 된다는 규칙성이 형사실무에 오랜동안 유지되어 온 것을 들 수 있다. 그러나 누구도 그것을 공개하고, 공표하지는 않기 때문에 비공식적이며, 글로 되어 있지도 않으며, 법률이나 법원에 의해 그 유효성이 보증되지도 않는다는 점에서 비실정적이다. 하지만 철저하게 관행적이며, 이 점에서 아름다움이 법과 연관 지워질 때의 현상과 다르다(음소거의 정도 =3점). 비공식적인 법은 "감성적(emotive)이며 상호작용적인 특성"[15]으로 기능한다는 점에서 미학적 정의에 매우 근접해 있다.

다음으로 미학적 정의를 설명하자. 예컨대 수차례의 강간과 강간살인을 한 범죄자의 책임은 사형의 응보를 받을만하며, 재범을 막고, 같은 범죄를 예방하기 위해서도 영원히 사회에서 격리시키는 사형이 필요한데도 불구하고 사형을 위헌으로 보거나 사형을 피고인에게 부과하지 않는다고 가정하자. 사형이 법이 아니거나 (그래서 위헌으로 판단 받고 폐지되어야 한다거나) 개별 범죄자에게 부과되지 않아야 한다는 정의관념은, 책임과 예방의 관점에서라기보다, 인류문명사의 발전선상에서 볼 때 사형은 이제 추한 것이라는 체험의 축적으로부터 형성된 것일 수 있다. 즉 사형은 미학적 정의에 반하는 것이다. 이때 미학적 정의는 글로 설

14) 이 개념에 대해 자세히는 Winfried Hassemer, *Einführung in die Grundlagen des Strafrechts* (C.H. Beck, 1990), 17, 170쪽; "Informelle Programme im Strafprozeß", *Strafverteidiger* (Heft 8, 1982), 377~382쪽 아래 참조.

15) Winfried Hassemer, "Informelle Programme im Strafprozeß", *Strafverteidiger* (Heft 8, 1982), 379쪽.

명할 수 없고, 공식화하기도 어려운 것이며, 응보와 예방에 길들어 있는 법의식의 관습에서 탈피하는 것이며, 아울러 아직 실정적인 것도 아니다(음소거의 정도=4점).

2. 미학적 정의의 실행성과 창조성

하지만 미학적 정의는 단지 음소거의 법이라는 소극적인 특성에 의해 온전하게 파악되지는 않는다. 사실 비공식적인 법과 미학적 정의 사이의 구조적 차이는 음소거라는 차원에서는 매우 미미하다. 그렇기에 미학적 정의는 비공식적인 법에 비해 좀 더 '적극적인' 특성을 가질 필요가 있다. 그래야만 법미학의 독자성이 더 탄탄하게 구축될 것이기 때문이다.

(1) 미학적 정의의 실행적 성격

첫째, 그런 적극적인 특성의 하나로 아름다움의 체험은 그 대상들의 정의성에 대한 판단에 자신이 고려될 것을 요구한다. 즉 미학적 정의는 비실정적이긴해도 매우 실행적(performative)이다. 비공식적인 법은 법관이 고려함으로써 비로소 그 존재가 세워지고 의미가 생겨난다. 비공식적인 룰이 법이 됨은 단지 '수동적으로' 이루어질 뿐이다. 이 점은 관습법도 마찬가지이다. 관습은 수동적으로 법원에 의해 법원으로 수용되기를 기다릴 뿐이다. 가령 미혼모의 낙태는 관행적이며, 사회상규에 위배되지 않는다는 법의식이 시민사회에 축적되어 있을 수 있지만, 미혼모의 낙태가 정의로운 것으로서 법에 의해 수용되어야 함을 능동적으로 주장할 수는 없다.

이에 비해 아름다움은 법관에게 법적 정의의 판단에 자신을 고려해 넣을 것을 '능동적'으로 요구한다. 사형이 인간본성의 추한 발현이라는 체험은 사형은 폐지되어야 하고 선고되어서도 안 된다는 능동적인 요구를 하게 된다. 실제 법관은 그런 요구를 거부하기가 불가능하거나 매우 어려우며, 의식을 잃은 사람처럼 아름다움의 요구에 빨려 들어가 법적 정의를 재구성하게 된다.

이와 같은 미학적 정의의 실행적 성격은 아마도 아름다움의 속성에서 비롯될 것으로 보인다. 여기서 아름다움의 특징적 모습에 대한 Scarry의 분석이 주목된다.[16] 아름다움은 서양의 역사(특히 예술, 철학, 신학을 아우르는 미학사)를 되돌아보면, 언제나 불멸의 존재와 연관되는 신성한 그 무엇이었으며, 또한 동시에 그리고 바로 그렇기 때문에 궁극적으로는 선례가 없는 어떤 것일 수밖에 없다. 그런 아름다움은 선명하고 자명한(clear and self-evident) 것이며, 그 안에는 자기교정과 조정의 능력이 구축되어 있어서 숙고를 유발한다. 이런 속성은 진리의 그것과 같다. 진리도 불멸 속에 서식하고, 오류의 거듭된 교정을 통해 전례가 없는 것으로 완전해져야만 되며, 자기교정과 자기조정을 지속(숙고)함으로써 자명한 그 무엇이 되어야만 한다. 여기서 Scarry는 아름다움은 진리와 연합한다고 본다.[17] 그러므로 아름다움의 체험은 진리에 대한 체험을 가져오고, 그 체험은 법에 의해 수용되어야 한다는 방향으로 법과의 관계를 설정하게 된다.

(2) 미학적 정의의 창조적 성격

미학적 정의가 관습법이나 비공식적인 법과 달리 갖고 있는

---

16) Elaine Scarry, *On Beauty and Being Just* (Princeton University Press, 1999), 4~28쪽.
17) Elaine Scarry, 앞의 책, 51~52쪽.

'적극적인' 특성의 또 다른 하나는 바로 미학적 정의의 창조적인 (creative) 성격이다.

(가) **해방과 삶** 내가 말하는 창조는 우선 무엇으로부터의 '해방'이다. 가령 사형은 추하다는 체험은 해방적이라는 의미에서 창조적인 것이다. 즉, 사형이 '타인을 고립시키고 사물화(objectification)하는' 추한 태도[18]에서 비롯된다는 미학적 체험은 우리를 문명적 감수성을 잃어버린 우리 안에 내재한 파괴적 욕구와 살인충동[19]으로부터 해방시켜 줄 수 있다. 아름다움이 없는 세계를 한번 상상해 보자. 음악과 미술과 시와 소설에서 체험하는 아름다움이 없이, 자연지배와 정교하고 확고한 사회질서만 있는 세계, 그런 세계 속에서는 살아도 산 것이 아닌 것이며, 삶은 곧 죽음의 소극적인 연기에 불과하게 된다. 아름다움은 바로 그런 죽음(또는 죽음의식)으로부터의 해방이다. 이와 같은 해방의 요소는 관습법이나 사회규범에는 존재하지 않는다. 이것들은 우리를 오히려 관행과 전통 속에 가두어 놓는다.

둘째, 창조는 또한 삶을 주는 것이기도 하다. 무엇으로부터 우리를 해방시키는 미학적 체험은, 다시 Scarry의 언어를 빌어 표현한다면, 선례가 없는(unprecedented) 것을 만드는 것이며, 그렇기에 신성한(sacred) 것이며, 또한 숙고(deliberation)를 유발하는 것으로서 우리에게 '생명을 주는 것'(life-giving), '생명을

---

18) 이런 입장으로 Desmond Manderson, "Requiem: Green Death-Aesthetic Interpretations and Influences in the Death Penalty", *Songs without Music: Aesthetic Dimension of Law and Justice* (University of California Press, 2000), 93~129쪽, 특히 95쪽, 117~118쪽 참조.

19) 이런 입장으로 이상돈, "사형폐지론의 이론과 정책", *한국형법학의 새로운 지평. 김일수교수화갑기념논문집* (박영사, 2006), 698쪽 참조.

살려주는 것(lifesaving)'[20]이 된다. 앞서 말한 사형이 추하다는 미학적 체험이 보편화됨으로써 사형제도가 폐지된다면, 그것은 사형수의 삶만을 살려주는 것이 아니라 우리들에게도 '문명화된 삶'을 가져다주는 것이다.

(나) **실정법과 아름다움의 관계** 여기서 법미학의 창조적 차원이 해명된다. 법은 자연법의 형이상학 속에서와 마찬가지이지만 실정법 속에 일면적으로 존재하지는 않는다. 실정법은 개인들을 생존위협으로부터 해방시켜주지만 동시에 실정법은 지배의 억압 속으로 개인을 밀어 넣기 때문이다. 그렇기에 법은 실정법에 존재하면서도 동시에 실정법이 구축하는 억압으로부터 해방될 때 비로소 다시 존재하게 되는 것이다. 법미학은 바로 법과 실정법의 이중적 관계, 즉 법이 실정화됨으로써 법이 실현되는 관계와 실정법으로부터 해방됨으로써 — 이것을 해체주의의 관점에서 말하면 '해체됨으로써' — 법이 실현되는 관계 가운데 뒤의 관계에 중점을 둔다. 예컨대 사형형법이 폐지됨으로써 법(적 정의)이 실현되는 것이다. 관습법이나 사회규범은 그것이 실정화됨으로써 비로소 법이 실현되는 관계 속에 위치한다. 예컨대 선량한 관리자의 주의의무를 다하여 경영판단을 내리고 경영을 하였으나 실패로 끝난 경우에 경영계 내에서는 결코 그 경영진에게 책임을 물어서는 안 된다는 사회규범이 형성되어 왔다. 이 사회규범이 실정법이나 실정법을 적용하는 법원의 판례법에 이른바 경영판단원칙[21](business judgement rule)으로 수용될 때 비로소 법이

20) Elaine Scarry, *On Beauty and Being Just* (Princeton University Press, 1999), 27쪽.

21) 이에 관해서는 이상돈, *윤리경영과 형법* (신영사, 2005), 69~72쪽.

실현되는 셈이 된다.

㈐ **춤의 법미학** 미학적 정의의 창조적 성격은 법을 '춤을 기록하는 기호학'으로서 코리오그래피(choreography)로 바라볼 때 가장 극대화된다.

ㄱ) **코리오그래피로서 법** 춤은 인간에게 삶을 주고 동시에 삶의 질곡에서 해방시켜 주는 법미학의 양면성이 가장 분명하게 드러나는 예술이다. 먼저 춤은 불완전하게 태어나는 인간에게 삶을 가능케 하는 공동체를 형성시키는 소통의 양식이다. 원시공동사회를 형성하는 祭式이 춤에 의해 구성되었고, 그 공동체가 국가로 발전하는 과정에서도 국가의 구성원(公民)으로서의 공적인 삶의 통합력은 인간의 불완전성 — 이를테면 Freud가 말하는 '갓난아이의 미성숙(prematurity)'에서 비롯되는 복종의 문화에 남는 불만("문명 속의 불만"[22]),[23] Klein[24]이 말하는 좋은 젖가슴 속에서 사랑의 대상과 융합된 자아로서 살아가는 어린 아이가 그것을 상실하는 데에서 오는 '우울불안'(depressive

22) G. Freud (김석희 옮김), *문명 속의 불만* (열린책들, 2003) 참조.

23) 이런 절대적 권위에 대한 복종이 초자아의 발달과정에서 형성되며, 이는 프로이트의 *문명 속의 불만*의 작품에서 두드러진다고 해석하는 Abraham Drassinower, *Freud's Theory of Culture: Eros, Loss, and Politics* (Rowman & Littlefield Publishers, 2003), 6쪽.

24) Freud의 이론에 강한 영향을 받은 Melanie Klein의 대상관계이론(Object Relations Theory)에 관해서 Melanie Klein, Hans A. Thorner (편), *Das Seelenleben des Kleinkindes und andere Beiträge zur Psychoanalyse (Gebundene Ausgabe)*, (Klett-Cotta/J. G. Cotta'sche Buchhandlung Nachfolger, 2006) 참조. Klein은 아이의 자아가 형성되는 기간에 무의식적으로 다른 모든 것들을 이 불안지위의 엄습을 통해 자기 것으로 삼아버리는 점이 웨디프스콤플렉스나 노이로제 등의 원인이 되며, 어른이 되어도 불안지위에 대처하는 투쟁을 할 수밖에 없다는 점을 바라본다.

anxiety)과 같은 것 — 을 보상해주는 춤에 의해 마련된다. 따라서 춤은 국가가 그 질서를 형성하는 매체로서[25] 법의 배후에 법생활을 가능케 하는 통합의 원천에너지라고 할 수 있다.[26] 다른 한편 춤은 국가와 법 그리고 재판에서 가장 형식화되는 몸, 지배종속되는 몸의 상태를 가장 극적으로 거부하는 해방의 아름다움을 출현시킨다. 특히 춤의 다성성(多聲性)과 차이는 국가와 법의 권위에 대한 신체의 순응과 복종이 갖는 야만성을 해체한다. 이런 해체가 있을 때 법에도 사랑과 생명이 스며들 수 있게 된다. 이런 점에서 춤은 공동체를 형성하는 합창이면서 동시에 몸에 미친 지배와 권력의 동일성강요를 해체하는 다성성의 근원이다.[27] 법은 그런 춤을 기록하는 기호학으로서 코리오그래피(choreography)라고 할 수 있다. 여기서도 법미학은 법에 사랑과 생명을 불어넣는 분과라고 말할 수 있게 된다.

---

25) Manderson도 이와 비슷하게 미학적인 것은(the aesthetic) 사회구성원들이 공유할 수 있는 담론을 만들어내고, 그 속에서 이해, 가치, 평가 등을 교환하는 의사소통을 펼침으로써 구성원간의 소속감(공동체의식)을 형성하게 한다는 점, 다시 말해 미학적인 것은 사회에서 공동체를 형성하는 일의 한 부분임을 지적한다. Des Manderson, "Quodlibet: Just Aesthetics and the Aesthetics of Justice", *Songs without Music: Aesthetic Dimension of Law and Justice* (University of California Press, 2000), 198쪽 참조.

26) 이를 "공동체의 부활로서 예술"(Art als restoration of the corporate body)라고 표제화하는 Lior Barshack, "The Body Politic in Dance", Peter Goodrich/Lior Barshack/Anton Schütz (편), *Law · Text · Terror* (Routledge-Cavendish, 2006), 55~57쪽 참조.

27) 이런 권력은 물론 급진주의 페미니스트들이 여성을 합리적 여성으로 단일화함으로써 발생하는 권력도 당연히 포함한다. 그래서 다른 성차에 대한 새로운 춤(choreography)은 여성주의에 새로운 지평을 열어 줄 것이다. 이런 관점으로 John D. Caputo, "Dreaming of the Innumerable; Derrida, Drucilla Cornell, and the Dance of Gender", *Derrida and Feminism: Recasting the Question of Woman* (Routledge, 1997), 142~146쪽.

ㄴ) 새로운 춤의 꿈꾸기로서 법　　환유적으로 말해 법이란 '셀 수 없는 새로운 춤을 꿈꾸는 것'(dreaming of the innumerable choreography)이 된다. 춤은 새롭거나 적어도 새로울 가능성이 있을 때 아름답다. 새로운 춤을 꿈꾸는 것은 기존의 법적 정의가 행하는 동일성강요의 권력을 해체함으로써 아직 알지 못하는 미래의 법적 정의를 꿈꾸는 것과 같다. 여기서 기존의 정상적이며 합법적인 것들을 데리다가 말하는[28] 에르곤(ergon)이라고 하고, 비정상적이고 불법적 또는 탈법적인 것들은 파레르곤(parergon)이라고 정의하자. 그러면 미래에는 현재의 파레르곤이 정의가 될 가능성이 있으며, 바로 그렇기에 현재의 에르곤은 파레르곤 없다면 죽은 정의, 곧 괴물(monster)이 된다. 그런 의미에서 미래의 사안에 향해져 있는 법적 정의는 곧 파레르곤이라고 할 수 있다. 이렇게 볼 때, 셀 수 없는, 새로운 춤을 꿈꾸는 것은 파레르곤적인 것, 즉 아름다움에서 부수적인 장식과 같은 것(법에 환언하면, 불법적 또는 탈법적인 것)이 중심적인 부분(합법적인 것)이 되는 가능성을 바라보는 것이다. 이 꿈꾸기, 이 바라보기에서 차이는 적대의 원천이 아니라 새로운 정의, 현재의 법적 정의가 더 정의로와질 가능성이기도 하다. 예컨대 현행법에

---

28) 데리다는 Cranach's Lucretia를 예로 들어 설명한다. 이 그림에서 그녀의 몸을 향해 피부에 대고 있는 단검(dagger)이나 그녀의 목걸이는 겉보기엔 '고유한 영역(예: 몸이나 목 그 자체)의 밖에서 덤으로 오는 어떤 것'(부수적인 것)이지만 실은 그 영역 안의 결핍을 그 영역의 고유하고 중심적인 것들(즉 ergon)을 압박하고, 그것들과 마찰하며 또한 그것과 이웃하여 놀이를 하는 것(즉 parergon)이다. 파레르곤은 에르곤의 결핍을 메우는 보충물이 아니라 에르곤을 '구성'하는 것이다. 이상의 설명은 Jacques Derrida (Geoff Bennington and Ian McLeod 역), *The Truth in Painting* (University of Chicago Press, 1987), 57~59쪽(그림은 58쪽에 수록됨) 참조.

서 이성애가 에르곤이라면, 동성애는 파레르곤이다. 그러나 양자는 정의와 부정의, 합법과 불법의 다른 영역에 배열되는 것이 아니다. 동성애는 이성애가 정의로서 갖는 한계를 넘어서는 새로운 춤을 추는 것일 수 있다.

또한 춤추기로서 법은 셀 수 없는 새로운 춤을 꿈꾸기 위해 데리다의 표현으로 "다성적(多性的 polysexual) 기호로 쓰인 코리오그래피(춤의 악보)"[29]를 필요로 한다. 다성적인 춤의 악보는 여성성을 자유주의 페미니즘처럼 남성성과 동등한 위치에 놓거나, 급진주의 페미니즘처럼 남성성과 반대되는 그러면서 더 높은 위치에 놓지 않는다. 그것은 여성성과 남성성의 대립이나 양성성과 단성성의, 또는 동성애와 이성애의 대립을 넘어서 성적 다양성 — 여성성, 남성성, 양성성, 단성성, 동성애, 이성애 등 — 이 인간적 차원에서 자유롭게 교환·분배되는 법을 기획한다. 바꿔 말해 "성차 내의 여성성이 아니라 성차의 새로운 춤의 가능성"[30]이 법이 되어야 하는 것이다.

---

29) Choreographies에 관한 Jacques Derrida와 Christie V. McDonald의 대담을 정리한 Nancy J. Holland (편), *Feminist Interpretations of Jacques Derrida* (The Pennsylvania State University, 1997), 39쪽.

30) 데리다에 대한 이해를 이렇게 표현한 Drucilla Cornell, *Beyond Accomodation; Ethical Feminism, Deconstruction, and the Law* (New York: Routledge, 1991), 118쪽.

[3] 미학적 정의론

Ⅰ. 법의 빈곤으로서 단일한 정의

포스트모던의 시대에 법적 정의는 실천적—도덕적 담론의 지평을 넘어서 심미적 담론(아름다움의 양식, 기준, 콘텐츠 등에 대한 사회적 의사소통)의 지평에 들어와야만 한다. 미학적 정의를 수용하지 않은 법적 정의는 완전할 수 없기 때문이다. 그렇기에 법적 정의론은 미학적 정의를 수용한 가운데 새롭게 (미학적 정의론으로) 구성되어야 한다. 이 점을 살피기에 앞서 법적 정의가 이성적인 의미의 옳음과 윤리적 의미의 좋음으로만 채워진다는 것의 의미가 무엇인지, 그리고 왜 문제인지를 살펴본다.

1. 옳음과 아름다움의 분화

법적 정의가 옳음과 좋음으로 채워진다는 것은 아름다움을 정의 개념 밖에 위치시키는 것을 의미한다. 이는 생활세계의 근대화와 합리화 과정 속에서 실천적—도덕적 담론과 심미적 담론이 구별되고 각기 분화·발전되어 옴으로써 빚어졌고, 또한 가능했던 일이다. 이성적인 옳고 그름이나 윤리적인 좋고 나쁨은 모두 어떤 행위에 대한 규율(규제)의 타당성과 그 실효성에 관한 사회구성원들의 의사소통의 향방에 따라 정해진다. 이런 의사소통은 좀 더 거시적인 차원에서는 '담론'(discourse)이라 표현될 수 있고, 그 담론이 행위규제의 타당성과 실효성에 관계된다는 점에서 실천적—도덕적인 담론이라고 말할 수 있게 한다. 이에 반해 아름다움과 추함은 실천적—도덕적 담론과는 구별되는 담론, 즉 심미적 담론 속에서 그 기준이나 양식들이 결정되어진다. 그래서 아름다움은 근대법의 발전과 함께 정의를 구성하는 요소가 아니라, 단지 순수하게 상징적인 차원에만 위치하게 된다. 예컨대 법정의 심미적 요소는 사법부의 권위를, 법복의 패션적 요소는 법관이나 검사의 권위를 상징화하는 요소로만 기능한다. 정의의 여신 유스티치아(Justitia)도 법형성에 직접 관계되는 어떤 의미의 근원을 갖고 있다는 점이 — 이를 테면 눈가리개의 상징[1]은 감각으로부터 자유, 즉 비당파성, 즉 관점교환을 의미하고,

---

* 이 단락은 이 책과 거의 동시에 출간되는 이상돈, *기초법학*(법문사, 2008), [1]의 일부를 발췌하여 새롭게 재구성하고, 보완하여(특히 아래에서 미학적 정의의 구조부분에서) 만들어졌다.

1) 이에 대해 자세히는 I. Capers, "On Justitia, Race, and Blindness", *Michigan Journal of Race and Law* (Autumn, 2006) 및 M. Jay, "Must Justice Be Blind?", *Law and Image* (Vol. 19, 1999) 참조.

저울은 형평성, 즉 자유와 평등, 미와 추, 선과 악의 변증을 의미하고, 옷은 성(聖)과 속(俗)의 중재자(mediator), 즉 법의 세속적 기준에 대한 지속적 반성과 성찰을, 칼은 위엄과 힘, 즉 권력을 상징한다는 점이[2] — 잊혀졌다. 근대법의 지속적인 발전의 끝으로 가면, 법에서 심미적 요소는 법의 이성과는 직접 관계가 없는 상징적 요소로 밀려나는 것이다.

2. 단일한 정의와 동일성강제

그러면 왜 이성적으로 옳고 윤리적으로 좋은 것들로만 채워진 법이 충분히 정의로울 수 없는 것일까? 그것은 포스트모더니즘의 이성비판에서 보듯[3] 단일할 수 없는 정의를 단일한 것으로 획일화하고, 다른 것들에게 단일한 정의를 따라오라는 강제를 행하는 작용이 이성 개념에 내재해있다는 점에서 찾을 수 있다.

[단일한 정의의 배후와 해체] 여기서 단일한 정의의 관념은 종교적, 정치적, 심미적 배후를 갖고 있음에 주목할 필요가 있다. 이를 테면 "모든 인간의 법칙은 신의 '유일한 원리'로부터 자양분을 얻는다"[4]는 식의 종교적 전통, 특히 하나님의 말씀이 곧 진리이라는 식의 기독교적 전통과, 미국의 과거노예제도나 독일의 나치체제 또는 남아프리카공화국의 오랜 인종차별법제(Apartheid)나 우리나라의 유신법제 등과 같은 정치적 경험들로 인해 생겨난 전

2) 이 상징해석에서 '즉' 이후의 해석은 나의 고유한 해석이고, '즉' 앞의 해석은 주로 M. Loughlin, "The Iconography of Justice", *Sword & Scale: An Examination of the Relationship between Law & Politics* (Mart Publishing, 2000), 55~63쪽 참조.

3) 이에 관한 중요문헌을 요약정리하고 비평한 이상돈/이소영/민윤영/정채연, *문헌연구 포스트모더니즘과 법* (세창출판사, 2006) 참조.

4) H. Welzel(박은정 역), *자연법과 실질적 정의*(Naturrecht und materiale Gerecjtigkeit (삼영사, 2001)), 18쪽.

통, 즉 법의 정의로움을 불신하면서도 여전히 법을 통해 특정한 정의를 관철시키려는 정치적 전통, 그리고 황금율이나 완벽한 기하학적 조형미와 같은 절대미를 추구하려는[5] 심미적 전통은 단일한 정의의 배후를 이룬다. 이러한 단일한 정의의 배후는 오늘날 해체되었다고 볼 수 있다. 예컨대 종교적 배후는, 니버(Niebhur)처럼 기독교의 절대적 정의명령인 무조건적(절대적) 사랑이란 자기희생을 통해 완성되는 것이지만,[6] 그것은 원죄의 세계 속에서 애당초 '불가능한 것'이라고 본다든지,[7] 또는 완전한 사랑이란 편파적인 사회 이해를 보편적인 이해인 것처럼 꾸미는 포장과 같은 것[8]이라고 봄으로써 해체될 수 있다. 또한 단일한 정의의 정치적 배후는, 정의 관념이란 이데올로기적인 사회의 억압구조를 은폐하는 개량주의적인 미봉책으로서, 관념론적·형이상학적인 것이라고 본다든지, 법은 정의라는 수사(rhetoric)를 정치적으로 악용하는 방편이 될 수 있다고 봄으로써 해체될 수 있다. 그리고 심미적 배후는, 아도르노(Adorno)처럼 절대미와 절대정의가 서로를 근거 짓는 오류에서 벗어나, 아름다움의 다양화와 탈중심화, 그리고 실험성과 해방적 역능이 절대정의를 해체하는 데로 나아간다고 봄으로써, 해체될 수 있다.[9] 아도르노는 그런 해체진행을 예술의'거꾸르는 힘'이라고 말한다.

예컨대 (구체적) 자연법론은 '그 자체로 존재(an-sich-seienden)'하는 '지금, 여기'에서의 절대적 가치서열은 인정한

5) N. Spyke, "The Instrumental Value of Beauty in the Pursuit of Justice," *University of San Francisco Law Review* (Winter, 2000), 453쪽.

6) G. Outkam, *Agape: An Ethical Analysis* (Yale University Press, 1972), 169쪽.

7) K. Lebacgz (이유선 역), *정의에 관한 여섯 가지 이론(Six Theories of Justice)* (크레파스, 2001), 182쪽.

8) R. Niebhur, *An Interpretation of Christian Ethics* (Seabury, 1979), 137쪽.

9) 김유동, *아도르노와 현대사상* (문학과지성사, 1997), 22쪽.

다.[10] 법실증주의에서도 당위는 입법자, 즉 '권한 있는 기관' 에 의해 그 효력이 부여되지만, 그 권한 있는 기관의 근거는 궁극적으로는 단일한 '근본규범'(Grundnorm)에 거슬러 올라간다.

(1) 이성적 옳음의 동일성강제

하지만 '가치의 존재'란 그렇게 바라보는 관점의 구성물이며, 어떤 존재의 가치를 다르게 바라보는 관점이 '문화적'으로 성장하면 할수록 더욱 더 그 가치는 관점 밖에 존재하는 것이 아니게 된다. 예컨대 뇌사자의 생명이 처분 가능한 것인지는 뇌사의 존재상태 그 자체에 의해 결정되는 것이 아니라 그 존재상태를 바라보는 관점에 의해서 결정된다. 장기이식의 활성화에 대한 관심은 뇌사자 생명의 처분가능성을 쉽게 인정하며, 이때 뇌사자 생명은 절대적으로 처분 불가능한 인간생명에서 제외되게 된다. 또한 그런 관점은 심지어 뇌사의 존재상태 그 자체를 구성하기도 한다. 즉 장기이식의 활성화에 대한 관심은 서로 유효범위가 다르고 동일 환자에 대한 판정결과를 다르게 내놓는 뇌사판정방법들(예: 뇌파검사, 무호흡검사, 뇌혈류단층촬영 등) 가운데 가장 쉽게 인정할 수 있게 하는 방법을 선택함으로써 뇌사의 존재상태 그 자체를 결정짓는다.[11] 이처럼 정의의 구성내용으로서 이성적인 것이란 특정한 관점의 구성물임을 알 수 있다. 그럼에도 불구하고, '이성적으로 옳은 것'을 주장하는 사람은 다른 사람의 관점을 이성적이지 않은 것으로 억압하기 쉽다. 또한 자신의 관점에 따라 생각할 것을 요구한다. 아도르노가 말하는 동일성강제

10) N. Hartmann, *Ethik* (Walter de Gruyter, 1962), 제29장의 e.

11) 뇌사판정의 이론의존성과 해석적 지평을 분석해낸 이상돈, "뇌사 — 죽음개념의 합리화인가 기능화인가?", *인권과 정의* (제267호, 1998), 70~85쪽 참조.

(Identitätszwang)[12]는 이런 이성의 속성으로서 가장 적확한 표현이다.

동일성강제는 사회국가적 기획이나 정치적 문제의식에 기인한 사회적 약자(예: 여성, 장애인)에 대한 적극적 우대조치 혹은 심지어 미래세대에 지향된 환경운동이나 동물권리운동 등에까지 연장되기도 한다. "여성을 대상화한 모든 성적 유희는 폭력이지 에로틱한 것이 아니다"[13]는 여성주의자의 인식을 예로 보자. 이 명제에서 성적 유희는 성놀이와 성적 일탈행위의 사이에 위치한다. 왜냐하면 남성은 그의 행위를 놀이로 이해하는데, 상대 여성(이른바 '합리적 여성')은 그녀의 성적 자기결정권을 침해하는 일탈행위로 이해하는 차이는 남성과 여성 사이에 문화적으로 형성된 놀이방식이나 놀이의식의 차이 또는 놀이를 해나감에 있어서 펼치는 의사소통방식의 차이에서 비롯된 것일 수 있기 때문이다.[14] 이런 점에서 여성주의자들이 말하는 '합리적인 여성'의 관점에서 이성적인 의미의 옳지 못함(그릇됨, 부정의)이란 남성과 남성적 문화에 호응하는 비합리적 여성의 성놀이 이해를 폐기하고 합리적 여성의 관점으로 편입될 것을 강제하는 작용을 한다. 이 동일성강제는 성희롱의 개념이 상호주관적인 성놀이문화의 촉매제가 아니라 재산취득의 전략적 수단으로 사용되곤 하는 미국의 법현실에서 그 비이성성을 보여준다. 이와 같은 이성적 의미의 옳음이라는 정의 개념에 내재된 동일성강제의 비이성성은 "모든 생물

12) T. Adorno, *Negative Dialektik* (Suhrkamp. 1982), 24쪽.

13) 이러한 주장으로 특히 C. MacKinnon, *Feminism Unmodified: Discourse on Life and the Law* (Harvard University Press, 1987), 85쪽 아래 참조.

14) 이런 분석으로 이상돈, "여성주의와 형법", *인권과 정의* (11월호, 1997), 84쪽 아래 참조.

체는 응당 그 자체로서만 보호되어야 한다"[15] 등과 같은 동물권리운동에서도 마찬가지이다.

(2) 윤리적 좋음의 동일성강제

공동선이라는 윤리적으로 좋은 것(ethical good)에 대한 관념도 단일한 정의의 오류에 빠지기 쉽다. 왜냐하면 공동체주의는 아무리 보편주의의 외양을 갖고 있다할지라도 문화적으로 특수하게 각인된 정의관념을 표출하기 때문이다. 예를 들어 아무 관계가 없는 사람이 곤경에 처할 때 그를 도와줄 법적 의무를 인정하는 법권에서는 고려장이나 에스키모인들의 노인 버리기 등은 윤리적으로 나쁜 것의 극치를 보여준다. 그러나 그 사회, 그 시대의 문화적 맥락 속에 들어가 보면, 지금의 서구사회와는 다른 공동선의 개념을 갖고 있었을 가능성이 높다. 그렇기에 공동체주의는 '가장 나쁘게 말해서는' 백인의 법에 의한 미국의 정의일 수도 있다는 비판[16]을 받기도 한다. 또 다른 예로 사회보장적 의료법제는 평등한 자유의 이념을 깨지만 의료의 공공성과 의료재분배의 공평성이라는 공동선을 추구한다. 그러나 그런 공동선만으로 의료영역에서 법적 정의가 다 실현되지는 않는다. 공공보험기관의 비능률과 권위적 관료주의에 물든 의료영역에 대한 강한 통제는 의료의 발전을 가로막고, 의료의 공공성을 의료체계의 기능저하로, 의료재 분배의 공평성을 의료체계의 비능률로 변질시키곤 하기 때문이다. 그런데도 많은 시민단체의 리더들이 사회보장적 의료법제가 공동선의 실현을 위해 유일하게 정의로운 의료

---

15) J. Feinberg, "The Rights of Animals and Unborn Generations", C. Wallman (편), *Rights and Duties* (Routledge, 2002), 45~46쪽.
16) 정세근, "법의 정의론", *동서철학연구* (제33호, 2004), 84쪽.

체계라고 생각하곤 한다. 이런 생각 속에서 다른 공동선의 가능성은 매장되고 만다. 이처럼 공동체주의도 단일한 정의의 관점에 서게 되는 것은 그것 역시 넓게는 이성의 동일성강제가 연장된 것이라 할 수 있다. 이성은 도덕의 그릇 속에 담겨져 있고, 도덕의 그릇은 윤리적 좋음까지 담아내곤 한다. 이는, 같은 문화적 맥락 속에 서 있는 한 윤리적 좋음은 그것이 외형상 띠는 보편성으로 인해 이성적 의미의 도덕적 옳음과 구별되기가 매우 어렵다는 데서 비롯된다.

3. 단일한 정의의 불가능성

단일한 정의는 현대사회의 현실에서 불가능한 것임을 주목해야 한다.[17] 이는 현대사회의 복잡성과 가치다원성에서 비롯되는 현상이다. 여기서 나는 데리다(Derrida) 식의 해체주의를 정의이론의 중심에 놓지는 않을 것이다. 해체주의는 이성주의의 관점에서 보면 이성의 동일성강제에 대한 반성적 요소로서만 수용할 수 있기 때문이다. 이를테면 뒤에 보듯[18] 해체주의적 정의이론은 법률의 질감미를 설명하는 이론틀로서는 중심이 될 수도 있다. 법률의 이성적 형성을 전제로 한 채 그 이성의 적용과정에서만 해체주의가 작동하게 하는 것이다. 또한 윤리적 좋음, 즉 공동선도 비록 시민의 행동이 좇아가야 할 것이긴 하지만 결코 도달할 수 없는 것, 그래서 단지 사회적 상상(social imaginary)으로만 기능한다고 보는 포스트 마르크스주의적 입장[19]에 따라 이해하

17) 이하의 (㈎㈏)단락은 이상돈, *법학입문* (법문사, 2007), [1] 단락의 내용 일부를 요약하고 다소 보완한 것임.

18) [4]단원 Ⅳ. 참조.

19) 대표적으로 Chantal Mouffe, “Feminists Theorize The Political”, Judith

지도 않는다. 공동선은 각각의 역사적 맥락에서 다르게 구성될 수 있고, 또 민주적으로 변화할 수 있음을 인정해야 하기 때문이다. 아래서는 이성적 옳음과 윤리적 좋음만으로 단일한 법적 정의를 구성할 수 없다는 점을 좀 더 사회체계적이고 실용적인 차원에서 논증하기로 한다.

(1) 정의기준의 세분화와 다원화

단일한 정의가 불가능한 첫 번째 이유는 과학과 기술에 의해 현실이 관리되는 오늘날의 사회에서는 과학과 기술의 성장과 발전에 비례하여 정의에 관한 판단기준이 점점 더 세분화되어간다는 데 있다. 예를 들어 누진소득세율을 결정하는 기준은 직업종류의 급격한 증가나 국민재화의 생산에 대한 각 직업군의 기여도 등에 따라 이전 사회보다는 더 세분화될 수 있다. 또한 이혼하는 가정주부의 재산형성기여도는 가사노동을 제공하는 노동시장의 성장이나 교육프로그램의 증가에 따른 육아시간의 감소, 또는 가사노동을 대체하는 제조업의 성장과 그에 따른 가사노동시간의 단축 등 점점 더 다양한 요소들을 고려한 가운데 결정된다. 폐수방출행위에 대한 형사처벌의 기준도 마찬가지이다. 하천의 자연적 정화능력이나 다른 오염원인들의 오염기여도, 오염원인들 간의 상호작용형태(예: 중화가능성) 등 이루 헤아릴 수 없는 요소들에 의해 거의 무한대로 세분화될 수 있다. 이처럼 오늘날의 사회에서 정의의 판단기준은 과학과 기술의 성장과 함께 점점 더 세분화될 수밖에 없다.

둘째, 정의를 판단하는 기준을 결정하는 요소들을 선별하는

Butler/Joan W. Scott (편), *Feminism, Citizenship and radical Democratic Politics* (Routledge, 1992), 379쪽 참조.

관점이 점점 더 다원화되어간다는 점도 단일한 정의가 불가능한 이유이다. 예컨대 현재의 시장구조가 자유직업종사자에게 그들이 수행하는 노동의 실질적 가치보다 부당하게 훨씬 더 많은 부를 가져다주고 있다는 비판적인 관점에 서느냐의 여부에 따라 자유직업종사자(예: 변호사, 연예인 등)에게 봉급생활자보다 더 높은 소득세율을 적용할 것인지 여부를 결정할 수 있게 된다. 가정주부의 재산형성기여도도 가사노동을 사회적 노동의 하나로 보는 여성주의적 관점과 가사노동을 하찮은 일로 여기는 가부장적·남성주의적 관점 중 어떤 관점에 서느냐에 따라 각기 다른 판단기준이 선택될 수 있다. 그리고 다양한 환경위태화행위에 대한 형사처벌의 기준 역시 각 행위에 대해 사람들이 얼마만큼의 관용을 가지느냐에 따라 각기 다르게 설정될 것이다. 이처럼 정의판단 관점의 다원화는 문화적으로는 '세계관과 가치관의 다원화'에서 비롯되지만 과학적으로는 각각의 가치관을 뒷받침할 수 있는 '이론과 지식의 다원적 성장'(과학에서의 다원주의)에 의해 뒷받침되고 있다.

(2) 법적 정의와 사회적 합리성 사이의 구조적 괴리

여기서 현대사회의 새로운 정의기준으로 이를테면 '특정영역 속에서 공동체구성원들의 이해관계에 따라 얻어진 이유와 기준에 따른 분배'를 생각해볼 필요가 있다. 이를테면 의료와 같은 복지는 필요에 의하여, 처벌과 명예는 공과에 의하여, 교육은 재능에 의하여, 부는 자유교환에 의하여, 정치권력은 논쟁과 투표에 의하여 분배하자는 것이다.[20] 이런 제안이 전제하고 있는 바들, 이를

20) 오세혁, 법철학사 (세창출판사, 2004), 411~412쪽; Walzer는 이러한 정의를 복합평등(complex equality)으로 개념화한다. 이에 대해 자세히는 M.

테면 단순평등이 정의가 될 수 없다는 통찰이나 사회가 다원적이고 복합적으로 분화된 하위영역들로 구성된 경우에 그런 하위영역들을 모두 포섭하는 보편적 원리의 정의기준이 존재하기 어렵다는 통찰 등은 타당하다. 하지만 이 같은 제안으로도 현대사회에서는 법적 정의의 일반적인 기준이 마련되지 않는다. 예컨대 의료영역에서 복지의 필요에 의해 정의기준이 설정되더라도, 현재 우리나라의 사회보장적 의료체계처럼 평등이념이 자유이념보다 과도하게 지배하여 다양한 병리적 현상(예: 방어의료, 의료전달체계의 왜곡, 의료신기술개발의 저해)이 발생하고 있음을 주목해보면, 복지의 필요에 따른 배분은 거시적으로 정의의 이념을 실현하는데 한계가 있다.

이런 한계는 현대사회에서 법적 정의와 다양한 사회적 합리성 사이의 괴리가 말 그대로 '불가피'하고, 때로는 그 둘이 서로 충돌한다는 점에서 비롯된다. 그것이 아무리 하위영역별로 차별화된 내용으로 구체화되더라도 말이다. 예를 들면 '생명을 절대적으로 보호하라'는 법적 정의의 요청과 '의학적 유용성은 사라졌으나 아직 생존확률이 제로에 이르지 않은' 환자에 대해 치료를 중단하는 의학적 합리성[21)]은 서로 충돌한다. 어느 해에 수익을 많이 올린 기업이 다음 해의 어두운 경기전망에 대비하여 수익의 일부를 계상하지 않고 다음 해에 계상하는 회계는 합리적 경영의 하나가 될 수 있으나, '진실에 어긋나는 회계(분식회계)를 하

Walzer (정원섭 역), *정의와 다원적 평등: 정의의 영역들(Spheres of Justice: A Defence of Pluralism and Equality)* (철학과현실사, 1999) 참조.

21) 이에 관해 자세히는 이상돈, *치료중단과 형사책임* (법문사, 2002), 특히 38쪽 아래 참조.

지 말라'는 법적 정의의 요청과는 충돌한다. 또한 법이 정한 세금을 납부하지 않은 행위를 처벌하라는 법적 정의의 요청은, 세무당국이 정책적으로 그 해 조세징수의 목표를 정해놓고 그 달성 수준에 따라 탄력적으로 탈세행위 가운데 일부만을 (전속)고발 · 처벌하는 것은 — 과중한 조세율이 정책적으로 미징수율을 고려하여 책정되기도 한다는 점이나 조세형평이 법규상의 기준만으로 충분히 달성될 수 없고, 사안의 특성에 따라 고려해야 한다는 점 등을 고려하면 — 조세행정의 합리성과 충돌한다. 이런 현대사회의 구조적 특성을 고려할 때, 이론적 · 당위론적으로 뿐만 아니라 실천적으로도, 법적 정의의 구체적 내용을 존재론적으로 확고한 것으로 바라볼 수는 없다는 점은 더욱 명확해진다.

Ⅱ. 미학적 정의론의 개념

이성적인 옳음과 윤리적인 좋음으로 채워진 법적 정의가 행사하는 동일성강제는 법형성이 최대한 대화적인 의사소통의 논리를 구현하는 민주적인 입법절차를 통해 이루어질수록 그 만큼 더 약화된다. 그런 법적 대화의 논리는 자연법론과 법실증주의의 이원론적인 대립도 해소해버릴 것이다.

1. 미학과 법적 정의의 재통합

하지만 법적 대화의 논리가 확대되어도 여전히 이성과 윤리로는 실현될 수 없는 정의의 차원이 있다. 그런 차원을 단일한 개념으로 파악하기는 매우 어렵지만, 현재로서는 아름다움의 차원, 심미적 차원이라는 개념보다 더 적절한 것은 없어 보인다. 이런 차원은 아마도 현대사회에서 정의의 불확실성이나 법적 정의와 사회적 합리성 사이의 괴리를 메워주는 기능을 수행할 수도 있을 것이다.

예컨대 살인마를 처형하는 것은 이성적으로는 옳다. 또한 연쇄살인의 차단을 위해 사형은 필요하고 그것은 공동선을 위한 것이기도 하다. 그런데 오늘날 사형 당하지 않을 권리는 인권의 하나로 표제화된다. 사형은 정의에 반한다는 것이다. 이처럼 이성적으로, 윤리적으로 정의로울 수 있는 사형이 부정의한 것이 되려면 이성적 옳음과 윤리적 좋음 이외에 그것을 때로는 물리치면서 새롭게 정의를 실현하는 차원이 필요하다. 그 차원이 바로 심미적 차원이다. 사형은 이성적으로 정당하고, 윤리적으로도 바람직할 수도 있지만, 우리 인간사회에서 지양해야 할 '아름답지 않은 일'이라는 것이다. 이런 심미적 체험이 일반화되고, 최종적으로 정의를 결정짓는 힘을, 특히 이성적인 옳고 그름과 윤리적인 좋고 나쁨의 판단의 그것보다 상대적으로 더 많이 갖게 될 때, 아름다움은 법적 정의를 구성하는 독자적인 범주가 된다. 그처럼 법적 정의를 구성하는 아름다움은 미학적 정의라고 부를 수 있다.

이와 같이 아름다움이 법적 정의를 구성하는 현상은 아마도 이성의 해체를 지향한 포스트모더니즘의 융성 속에서 더욱 설득력 있는 것으로 받아들여질 것이다. 근대화의 과정은 권리의 평형을 지향한 이성과 공동선을 지향한 윤리가 과잉 성장해온 역사이고, 그 과정에서 아름다움이 정의의 범주에서 밀려난 역사로 이해할 수 있다. 포스트모더니즘은 그런 역사를 지워버리려고 하기도 했으나, 적어도 성찰적인 포스트모더니즘이라면 성찰적인 모더니즘과 마찬가지로 옳고 그름과 좋고 나쁨 그리고 아름다움과 추함을 균형 있게 법적 정의의 범주로 위치시키는 방향으로 나아갈 것이다.[22)]

2. 법적 정의론의 한 시층으로서 미학적 정의

그러나 미학적 정의는 법적 정의의 전부는 아니다. 이성법적인 전통에서의 옳음(right)과 윤리적으로 좋음(ethical good)이 함께 할 때 법은 정의로울 수 있다. 윤리적으로 좋음이란 공동선을 달성하는 것이며, 이런 좋음은 근대법의 시대 이전부터 유효해왔다는 점에서 '윤리적' 정의는 발생사적으로는 '프리모던한'(pre-modern) 것이라고 말할 수 있다. 이에 비해 옳음이란 실천이성의 판단과 그 제도화 속에서 개인들의 공존을 보장하는 규범, 즉 보편화가능성이 있는 규범에 대해 부가되는 술어이다. 따라서 '이성적' 옳음이란 '모던한'(modern) 것이다. 아름다움이 정의가 되어야 하는 이유는 바로 윤리적 좋음과 이성적 옳음으로 메워지지 않는 정의의 결핍이 포스트모던 사회에로 올수록 점점 더 뚜렷해졌기 때문이다. 그런 점에서 '미학적' 정의는 포스트모던한(postmodern) 것이라고 말할 수 있다. 그러므로 현대사회에서 법적 정의는 세 개의 시층(時層)을 동시에 갖는 셈이다.

<table>
<tr><td rowspan="3">법적 정의</td><td>심미적 아름다움</td><td>postmodern</td></tr>
<tr><td>이성적 옳음</td><td>modern</td></tr>
<tr><td>윤리적 좋음</td><td>premodern</td></tr>
</table>

22) 이 문단은 이상돈, *기초법학* (법문사, 2008), [1]단락 Ⅳ.2.(2)에서 옮겨온 것임.

법적 정의론은 그와 같이 '비동시적인 것의 동시성'(the contemporaneity of uncontemporary)'[23]이라는 구조를 띤다. 미학적 정의론은 이와 같은 구조의 법적 정의론에 자리한 심미적 아름다움을 두고 이르는 말이다. 현실의 법이 이와 같은 세 가지 시층의 정의요청을 모두 충족하기는 매우 어렵다. 그것은 어쩌면 역사의 이상일 뿐일지도 모른다. 왜냐하면 이성적 옳음에 관한 의사소통과 윤리적 좋음 그리고 심미적 아름다움에 관한 의사소통이 분화되어 있기도 하고, 또 부분적으로 혼융되어 있기도 한 상황에서 하나의 수렴점으로 흘러들어 일치를 이루기는 어렵기 때문이다. 현실에서 이성적 옳음, 윤리적 좋음, 심미적 아름다움은 언제나 서로 엇갈리기 쉽다.

Ⅲ. 미학적 정의론의 구조

1. 미학적 정의론의 구조설명

앞에서 본 바와 같이 법미학의 개념은 ① 미학적 체험 ② 가치 ③ 기호와 상징, ④ 법 ④ 힘이라는 다섯 가지 구성요소로 이루어진다. 미학적 정의론은 이 다섯 가지 개념요소들을 ①→②→③→④→⑤의 순으로 나열시킨다. 즉 아름다움이 정의(가치)가 되어 법의 기호와 상징체계가 현실을 그 정의의 가치관점에 따라 규율하는 힘으로 전환되는 것이다. 예컨대 ① 사형은 추한 것

23) 이를 복합적 중층결정(complex overdetermination)이라 개념화하기도 한다. 중층결정 개념에 대해 자세히는 김형효, *구조주의의 사유체계와 사상*(인간사랑, 1999), 533~534쪽 참조.

이라는 미적 체험이 보편화되면, ② 사형제도는 가치가 부정되며, ③ 사형법제의 정의에 대한 상징은 폐기되고, ④ 그에 따라 사형폐지법이 만들어질 수 있으며, ⑤ 그런 법은 사람들이 사형을 통해 반문명적인 살인충동을 엷게나마/이나마 향유하는 현실을 지양시키는 힘을 발휘하게 된다.

그런데 ①→②→③→④→⑤의 배열이 성립할 수 있는 각 항목 사이의 연결고리는 과연 존재하는 것일까? 존재하지 않는다면 그와 같은 구조의 미학적 정의론은 실천성 있는 정의론이 아니라 단지 순수하게 '미학적'인 가치만을 지니는 이론이 될 것이다. 여기서는 다섯 단계의 연결고리를 모두 설명할 필요는 없다. 법이 기호와 상징들을 체계화하고 있는 것이라는 점은 ③→④의 연결고리를, 그리고 법은 정치적 지배체제의 기반 위에서 현실을 규율하는 힘(구속력, 사회학적 효력)이 있다는 점에서 ④→⑤의 연결고리도 다른 설명이 필요하지 않다. 또한 미학적 체험, 아름다움의 체험이 가치를 창출한다는 점, 즉 ①→②의 연결고리도 앞에서[24] 설명하였기 때문에 다시 설명하지 않는다. 이렇게 보면 미학적 정의론은 [①→②]의 연결과 [③→④→⑤]의 연결이 어떻게 이어질 수 있느냐에 따라 그 실천성의 획득여부가 좌우될 수 있다.

2. 미학적 정의의 법적 정의에로의 코딩

미학적 체험이 가치를 부여하는 과정이 현실을 규율하는 힘을 가지는 법적인 기호와 상징의 체계에 접합되는 것을 두고 아름다움이 법적 정의로 코딩(coding)된다고 말할 수 있다면, 기호

24) [1] 단원 Ⅱ.Ⅲ. 참조.

와 상징의 체계에서 법을 해석해내고, 그것을 현실에 옮기는 과정을 디코딩(decoding)이라고 부를 수 있다. 그러면 아름다움은 어떻게 법의 기호와 상징으로 코딩될 수 있는 것일까?

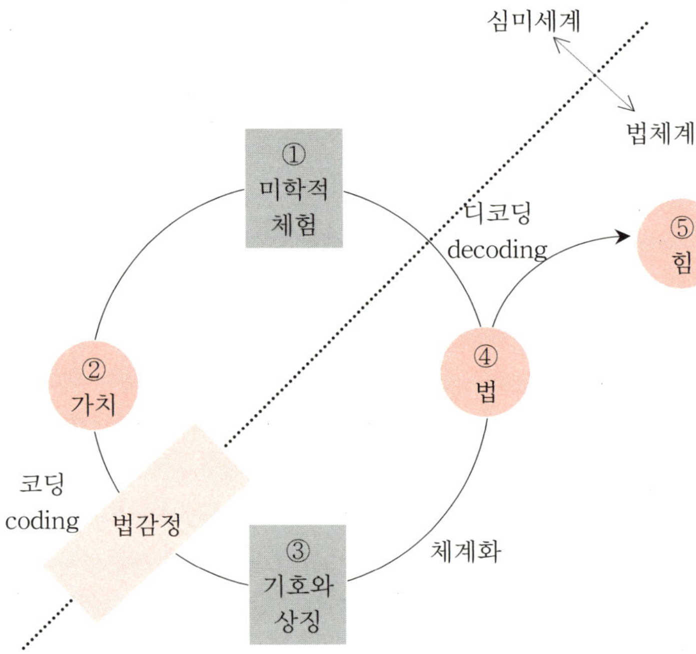

(1) 아름다움과 법 사이의 변환기로서 법감정

(가) 법발견론으로서 법감정 이 물음에 답하기 전에 아름다움이 법적 정의를 구성할 가능성을 수용했던 법학방법론을 되돌아볼 필요가 있다. 20세기 후반의 법학방법론은 이성이나 윤리가 아니라, 법감정(Rechtsgefühl)이 법을 형성한다는 점을 발견하였다. 그런데 법감정이란 그 구체적인 내용이 변화무쌍하고, 한없이

다양하다. 이념적으로 통일된 것도 아니고, 감정의 색깔에 규칙이 있는 것도 아니다. 그렇기 때문에 그런 법감정이 정의의 요소가 된다는 점에 대해 비판적이고, 긍정적인 입장에서도 제한적으로만 허용하려는 태도가 지배적이다. 그럼에도 불구하고 법원은 "국민 일반의 가치관 내지 법감정"[25]이라고 하여 막연한 가치관과 법감정을 동일시한다. 이는 법감정을 윤리적 선으로 환원시키는 (고의적인) 오류를 범함으로써 법감정을 법발견의 일반조항으로 사용하는 것이다.

(나) 보편화 가능성을 지닌 미학적 체험으로서 법감정 그러나 법감정은 이성과 윤리에 대해 외재적 요소이다. 그리고 그 내용은 법의 정형성 요소를 충족시키기 어렵다. 법감정은, 쉴러(Friedrich Schiller)가 "인간의 미적 교육에 관한 편지"(Briefe Über die ästhetische Erziehung des Menschen)[26]에서 소재충동(Stofftrieb)과 형식충동(Formtrieb)을 구분할 때, 소재충동에 속한다. 쉴러에게 소재충동은 감성적 충동이며 성향이나 감정으로 나타나고 인간이 자신의 삶을 보존하고 절대적 존재로 향해가게 만드는 충동이다. 그에게 절대적 존재는 아름다운 존재이다. 그렇기에 인간은 미학적으로 교육되어야 하는 것이다. 여기서 법감정은 우리나라 법원이 말하는 "국민 일반의 가치관"과 같은 윤리적 기획이 아님을 알 수 있다. 물론 "가치관"에서 가치를 아름다움에 부여되는 가치, 즉 '미학적 가치'로 재해석한다면, 법감정

25) 수많은 판결들에서 이 용어가 사용되지만 최근 예로 대판 2007.8.23, 2007도4818 참조.
26) 이는 쉴러가 칸트와 미학과 프랑스혁명에 관해 논쟁하면서 보낸 27편의 편지(1798~1795)를 말한다.

은 법원의 논증과는 전혀 다른 내용이 된다. 미학적 가치는, 윤리적 가치처럼 객관적으로 이미 존재하는 가치가 주관(개인)에 내면화되는 것이 아니라, 정반대로 주관적인 체험에서 생성되어 다른 이들과 나누게 되는 것이다. 그러므로 미학적 가치는 아름다움의 체험이 중심이 되며, 그 체험이 다른 사람들에 의해 공유될 때 사회적인 정의가 될 수 있다. 이렇게 볼 때 법감정이란 아름다움의 체험이다.

그런데 이 체험은 단지 주관적인 것이 아니라, 다른 사람들에 의해 공유됨으로써 사회적인 정의가 될 가능성과 그 정의가 민주적 입법절차를 통과함으로써 법이 될 가능성을 지닌 것이다. 이 점이 보통의 미학적 체험에서 생성되는 미학적 가치와 다른 점이다. 또한 이처럼 아름다움의 체험이 종래 법이론에서 말해온 법발견의 매체인 법감정으로 해석됨으로써 법적 정의가 될 가능성이 열린다. 이런 점에서 법감정은 아름다움을 법으로, 개인의 체험을 객관적인 정의로 변환시키는 매체, 즉 변환기(convertor)라고 할 수 있다.

[법감정론의 재해석] 이런 이해에 의하면 종래 법이론에서 말해온 법감정도 동시에 재해석되는 셈이 된다. 즉 법감정은 모든 종류의 감정을 말하는 것이 아니라 '아름다움의 보편적인 체험가능성'을 가리키는 것이다. 법원의 "국민 일반의 가치관"라는 용어도 바로 이를 가리키는 것으로 재해석되어야 한다. 법감정에는 아름다움과 추함의 체험 이외에도 더 많은 체험요소들이 있지만, 그런 것들은 이제 법발견의 요소로서 제외된다. 이렇게 되면 법감정에 의한 법발견론은 그 효력영역이 상당히 축소되며, 또한 그렇게 됨으로써 더 합리적인 이론으로 거듭나게 될 것이다.

(다) **이미지와 법감정** 법감정이 때로는 아직 보편적이 되지 못한 미학적 체험의 가치를 담고 있는 경우에도 그 가치가 법적 정의로 전환될 수 있는 경우가 있다. 그것은 법감정이 미학적 가치와 정의관련적 가치 사이의 통신(부호)기능을 수행하는 이미지의 형태를 띠는 경우이다. 즉 이미지는 법형성에 유용성과 실효성을 발휘할 정도로 사회구성원들에게 공유되기는 하지만 국민일반의 미학적 체험에서 생성된 미학적 가치를 형상화하는 것이 아닐 수도 있다. 그런데도 그런 이미지들이 간혹 법감정이라는 이름으로 법적 정의의 구성에 결정력을 발휘하기도 한다. 법형성의 근거를 명시하지 못하고 '국민의 법감정이 그렇다'고 하는 식으로 법감정으로 도망간 논증은 사실은 이미지가 법을 형성하는 법미학의 차원을 가리키고 있는 것이다. 가령 사형폐지론도 그러하다. 국민여론은 대체로 50% 위아래를 오르내린다. 즉 사형이 폐지되어야 한다는 법감정은 국민일반에 보편적인 것이 아니다. 그러나 사형의 추함에 대한 체험이 국민의 50% 수준 정도로만 일반화되어도 그로써 형성된 이미지, 예컨대 사형수를 고립시키고 사물화하는 일련의 사형집행절차의 반인간적 이미지는 사형폐지의 법개혁을 이끌어낼 수도 있다. 이럴 때 법감정을 원용하는 것은 사실은 '유용성과 실효성 있는 이미지'인 것이다.

(2) 프로토콜(protocol)로서 이원적 코드

그런데 법감정은 아름다움을 어떻게 법(정의)으로 변환시킬 수 있는 것일까? 이 물음은 법감정이 유용성과 실효성 있는 이미지를 내용으로 하는 경우에도 마찬가지이다. 그것은 아름다움과 법, 감성과 이성, 주관과 객관, 체험과 사유의 두 세계에 존재하는 데이터의 의미를 일치시켜 정보를 교환하게 만드는 규칙, 컴퓨터학의 용어로 프로토콜(communication protocol)이 있기 때문이다. 그 프로토콜은 바로 루만이 말하는 이원적 코드(binäre Codierung)[27]이다.

> **[루만의 이원적 코드의 개방화]** 루만에게서 이원적 코드는 모든 사회체계가 작동하는 방식이다. 법체계도 합법과 불법의 이원적 코드를 통해 사회체계로 기능한다. 법체계는 합법과 불법의 판단을 안정적으로 생산해낼 수 있을 때 사회체계로서 기능한다. 그런데 루만에 의하면 합법과 불법은 신분과 계층, 부나 정치적 기회 등과 무관하게 부과되고, 그래서 법체계는 다른 체계에 대해 폐쇄적인 작동기제를 갖게 된다.[28] 하지만 루만의 이 사고는 아름다움과 법 사이에는 유보될 필요가 있다. 태곳적부터 아름다움은 정의와 분리된 것이 아니었고, 그렇기에 법체계는 심미적 세계에 대해 개방적인 것으로 이해할 필요가 있다.

법과 마찬가지로 심미적 체험도 아름답다 또는 추하다는 이원적 판단의 코드로 표현될 수 있다. 바로 그 점에서 아름다움은 합법적이다 불법적이다, 정의롭다 부정의하다는 식의 이원적 코드로 표현되는 법과 같은 프로토콜을 가질 수 있다. 또한 정의롭다 부정의하다도 이성적으로 옳다 그르다와 윤리적으로 좋다와 나쁘다는 이원적 코드를 포함하고 있어서, 심미적 체험은 이성적 차원과 윤리적 차원에서 법과 통신할 수가 있다. 다시 말해 이원적 코드라는 프로토콜은 법적 정의의 완성태로서 이성적 옳음과 윤리적 좋음 그리고 심미적 아름다움이 통합될 가능성을 열어

---

27) 이에 관해 자세히는 Luhmann, *Ökologische Kommunikation* (Westdeutscher Verlag, 1986), 제8장 참조.

28) Luhmann, 앞의 책, 125~126쪽.

놓는 것이기도 하다.

물론 법감정이 이원적 코드라는 프로토콜을 사용하여 아름다움의 체험을 법적 정의의 세계로 변환시키는 경우에 아름다움의 세계와 법의 세계 사이의 통신은 얼마간 제한될 수밖에 없다. 이를테면 아름답지도 않고 추하지도 않은 것은 법적 정의를 구성하는 요소로 변환되지 않는다. 거꾸로 법이 아름답지도 추하지도 않다고 체험될 경우에도 그 법은 유지되거나 폐지되거나 어느 쪽으로도 결론이 내려질 수 없다. 그러나 이것은 미학적 정의론의 한계라기보다는 오히려 미학적 정의론의 정당한 관할영역을 설정할 수 있게 해준다고 보아야 한다. 왜냐하면 만일에 가정하여 아름답지도 추하지도 않은 심미적 체험까지도 법적 정의로 변환될 수 있다면, 법의 이성적 또는 윤리적 차원이 지나치게 위축될 수 있기 때문이다.

3. 법의 아름다움에로의 디코딩

아름다움의 체험이 법으로 변화되고 나면, 아름다움의 체험에서 생성된 가치(정의)는 법의 힘에 의해 현실로 이식된다. 그러나 미학적 정의는 아름다움의 체험에서 시작하여 법을 거쳐 힘으로 끝나는 단선적인 생을 사는 것만은 아니다. 현실에서 힘을 발휘하는 법은 아름다움으로 디코딩(decoding)되기도 한다. 이 점을 설명해보기로 한다.

우선 아름다움이 법적 정의로 변환되는 과정은 주로 아름다움이 이성적인 옳음과 윤리적인 좋음과 일단 구분되고, 그것들과 갈등과 동조의 관계에 놓이는 상태에서 법적 정의를 새롭게 구성하는 방식으로 진행된다는 점에 주목해보자. 이 진행은 아름다움 자체의 정의, 즉 '심미적 이성'(ästhetische Vernunft)을 발견하는 과정이 아니라 정의 밖에서 — 더 정확히는 이성적 옳고 그름과 윤리적 좋고 나쁨의 판단 밖에서 — 인정되는 아름다움이 정의를 구성하는 과정을 가리킨다. 예컨대 동물의 존엄이 아직 법적 권리로 승인되지 않은 상태에서 개고기를 맛있게 먹기 위해 잔인한 방법으로 도축하는 행위는 (인간중심의 이성이지만 어쨌든) 이성적으로 그릇되거나 윤리적으로 나쁜 것이 아니다. 현재까지는 적어도 옳다 그르다, 좋다 나쁘다는 확정적으로 말할 수 없다. 그러나 사람들은 그런 행동은 인간의 행동으로서 추하다고 느낄 수 있다. 그런 추함의 체험이 일반화되면, 이성적으로 그릇되고, 윤리적으로 나쁘다는 판단으로 이어질 수 있고, 또는 그 이전이라도 법적 정의의 내용으로 수용될 수 있다.

하지만 미추의 체험과 이성적 윤리적 판단 또는 법적 정의의 구성 사이의 관계는 이와 정반대로 역전될 수도 있다. 개고기의 잔인한 도축 사례에서 윤리적 논쟁이 동물의 존엄권을 인정하는 설득력을 사람들에게 발휘하게 되었다고 하자. 만일 법제도로 그런 윤리적 요청을 힘으로 강제하는 일이 반복되면, 이전에는 잔인한 도축을 그렇게 추한 일로 느끼지 않았던 사람들도 점차 추한 일로 체험하게 될 수 있다.

여기서 옳고 그름, 좋고 나쁨 그리고 아름다움과 추함은 일방적인 영향관계가 아니라 상호작용적이며 순환적인 관계 속에서 법적 정의를 구성해가는 요소임을 알 수 있다. 예컨대 학생에 대한 교육목적의 체벌이 교육현장에서 자주 선함의 옷을 입고는 있으나 '추한 것'으로 체험되곤 한다. 이런 체험은 체벌권의 이성적인 제한과 윤리적인 한계를 설정하는 공론을 형성케 한다. 그래서 가령 재판과 유사한 체벌절차나 체벌도구의 규격화 등과 같은 정형화된 체벌 제도를 법으로 만드는 방향으로 몰아갈 수 있다. 그런 법은 학생의 인권과 교육목적의 달성을 조화시키는 '이성적인' 것일 수는 있겠으나, 동시에 추한 법일 수 있다. 특히 교사의 입장에서는 그러하다. 체벌에 담았던 열정과 사랑은 체벌의 정형화와 규격화와 함께 싸늘하게 식고, 자신의 정체성을 지식전달자로 재구성하는 내적 과정은 교사들에게 추한 것일 수 있다. 그런 추함은 언젠가는 학생들도 같이 체험할 수도 있으며, 그런 체험이 일반화된다면 다시금 그 체벌법을 변화시키게 될 것이다.

Ⅳ. 미학적 정의론의 현황과 미래

그러면 아름다움의 체험이 법이 되는 정의론은 현재 어떤 실현상태에 있고, 또 미래에는 어떤 모습으로 발전해갈 것인가? 미학적 정의가 다른 정의요소와 현실의 법에서 어떤 관련을 맺고 있는지를 분석하는 일(아래 1.)은 법적 정의의 현실을 온전하게 이해하는 방편이 된다. 그러나 이 일은 미학적 정의론은 미래에 어떤 방향으로 발전해야 하는지에 관한 비전을 갖게 해줄 수 있을 것이다(아래 2.).

1. 법에서 미학적 정의의 실현양상

미학적 정의가 현실의 법에서 어떤 모습으로 실현되고 있는지를 알기 위해서는 윤리적 좋음과 이성적 옳음 그리고 심미적 아름다움이 서로 어긋나는 법현실을 유형화할 필요가 있다. 법현실의 유형화는 세 가지 정의요소의 밴다이아그램을 사용함으로써 가능해진다.

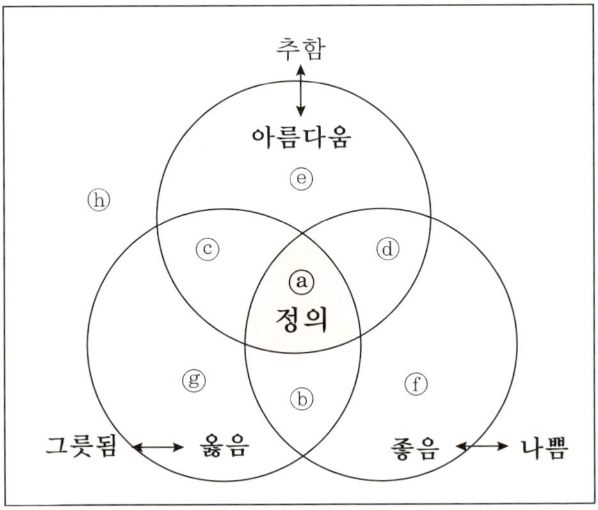

이 그림의 각 부분을 이성적 옳음, 윤리적 좋음, 아름다움이 충족되는 경우를 각각 ○으로 표기하고 충족되지 않는 경우, 즉 이성적으로 그릇됨, 윤리적으로 나쁨, 심미적으로 추함을 각각 ×로 나타내면 아래 표처럼 분석적인 조합이 이루어진다.

유형 / 범주	ⓐ	ⓑ	ⓒ	ⓓ	ⓔ	ⓕ	ⓖ	ⓗ
옳음	○	○	○	×	×	×	○	×
좋음	○	○	×	○	×	○	×	×
아름다움	○	×	○	○	○	×	×	×

각 유형별로 법적 사안의 예를 들면 다음과 같다. 여기서 주의할 점은, 이 예시사례들에서 이성적 옳음은 주로 평등한 자유의 이념을 실현하는 도덕성이 있다는 의미로, 윤리적 좋음은 공동선에 지향된 윤리성을 그리고 심미적 아름다움은 현재 다수의 사람들의 체험을 기준으로 판단되고 있다는 점이다.

ⓐ-기부금에 대해 소득세를 공제해주는 법은 부담(기부)과 이익(법적 혜택)이 맞대응된다는 점에서 이성적으로 옳고, 사회적 약자 등을 위한 자원으로 사용된다는 점에서 윤리적으로 좋은 일이며, 또한 아름다운 일로 받아들여지는 기부행위를 촉진시킨다는 점에서 아름다운 법이 된다.

ⓑ-연쇄살인범을 처형하는 것(사형을 형벌로 승인하는 형법)은 응보사상에서 보듯 이성적으로 옳고, 연쇄살인의 위험을 예방하여 다른 구성원들의 생존을 안전하게 한다는 점에서 윤리적으로도 좋은 일일 수 있으나 문명화된 사회에서는 결코 아름답다고 볼 수 없다.

ⓒ-동성애자들이 (부부는 아니지만, 그 밖의 사회보장 등에서는 부부의 지위를 인정해주는) 시민적 결합체로 살아갈 권리를 주는 법은 이성애자와 평등하게 자유를 실현할 기

회를 주므로 옳지만, 윤리적으로는 아직 좋지 않은 것이다. 하지만 그들의 인권을 존중한다는 점에서는 아름답다.

ⓓ-응급환자에 대한 응급의료의무를 부과하는 법(응급의료에 관한 법률)은 (그 발생근거가 평등한 자유의 이념에서 비롯되지 않고, 또한 의무의 이행에 대해 충분한 보상이 이루어지지[29] 않을 수 있다는 점에서) 이성적으로 옳은 것은 아니지만, 윤리적으로 좋은 일이며, 또한 아름다운 일이다.

ⓔ-아버지의 돈을 친구와 함께 훔친 자식을 형 면제하는 법(형법)은 친구가 여전히 처벌될 수 있다는 사실에 비추어 보면 더욱 이성적으로 옳지 않고, 윤리적으로도 나쁘지만, 부자관계의 인간적인 애정이라는 차원에서 보면 아름답거나, 적어도 추한 것은 아니다.

ⓕ-배우자의 혼외정사를 처벌하는 법(간통죄)은 자유의 과잉제한이라는 점(성은 인격이고, 성의 배타적 소유는 인격의 소유화라는 점에서 이성적으로 옳지 않고, 윤리적으로는 좋지만(공동선에 이바지함) 아름답지 않다.

ⓖ-진료비를 낼 수 없는 환자에게 치료를 거부하는 것을 정당한 이유가 있는 진료거부로 승인하는 법은 진료의무와 진료비청구권의 맞대응이 없다는 점에서 이성적으로 옳으나, 의료윤리적으로는 좋은 일이 아니며, 또한 아름답지도 않다.

ⓗ-대통령이 단지 자신의 정치적 충복이라고 하여 중대한 범죄를 범한 자를 사면·복권시켜주는 것(을 가능케 하는 법)은 옳지도 않고, 좋지도 않으며,[30] 추하기까지 하다.

---

29) 이는 환자가 경제적으로 어려운 경우에 응급의료기금으로 그 치료비용이 모두 조달되지 않고, 또한 치료비의 조기회수도 어려운 경우가 많이 발생하기 때문이다.

이 유형에서 옳고 그름, 좋고 나쁨, 아름다움과 추함에 대한 구체적인 판단은 견해에 따라 다를 수 있다. 여기서 중요한 점은 어쨌든 이와 같은 유형화가 가능하다는 것, 그리고 각 유형에 대한 구체적인 판단의 차이는 다시 대화적 의사소통을 통해 지양될 수 있다는 점이다.

2. 미학적 정의의 미래

위의 분석으로써 우리나라 법에서 아름다움의 실현정도나 아름다움으로 구성된 법적 정의의 총량이 파악되는 것은 아니다. 그것은 가능하지도 않다.

(1) 옳음, 좋음, 아름다움의 불일치 해소

다만 법적 정의가 아름다움으로 각인되었지만 이성적으로 옳지 않거나(ⓓⓔ) 윤리적으로 나쁜 경우(ⓒⓔ)가 있고, 그런 경우에 법적 정의는 결코 안정적이지 않다고 말할 수 있다. 이럴 경우 법의 발전은 그런 불일치를 해소하는 것이 된다. 그와 같은 불일치를 해소할 가능성은 아름다움이 법으로 코딩될 뿐만 아니라 윤리나 도덕으로 구성된 법이 아름다움으로 디코딩될 수 있다는 점[31]에서 이미 열려 져 있다. 아름다움과 그의 체험이 이성적 권리의 재구성이나 윤리적 공동선에 대한 상호이해를 통해 변화될 수 있다는 것은 아름다움에도 이성, 즉 심미적 이성(ästhetische Vernunft)이 내재할 수 있음을 말해준다.

사실 미의 기준은 사회적이고 역사적인 것이다. 예컨대 우리

30) 대통령이 자신에게 충복한 사람에 대한 의리를 지키기 위한 것은 조폭세계의 의리와 차별화가 되지 않기 때문에, 또는 공동선의 실현과는 직접이든 간접이든 관련이 전혀 없기 때문에 윤리적으로 좋은 일이라고 할 수 없다.

31) 이 단원의 Ⅲ.3 참조.

사회에 미의 기준은 한국적인 것보다는 '서구적인 것', 자연이나 동물의 존엄보다는 '인간편의적인 것', 농촌적인 것보다는 '도시적인 것' 등에 편향되어 있다. 그런 편향은 그 기준에 부합하지 않는 것들을 아름답지 않거나 추한 것으로 체험하게 만든다. 하지만 그렇게 추한 것으로 인지되는 대상들은 고통과 불행을 겪는다. 그런 고통과 불행을 방치하는 것이 결코 선한 것이 아니다. 그런데 추한 것이라는 체험은 그 대상들의 입장에서 바라볼 때 비로소 그런 체험이 그들에게 고통을 가져다준다는 것을 알 수 있게 된다. 그럴 경우에만 체험한 추함을 해체하고 다른 미의 기준을 설정함으로써 추함의 대상들이 갖는 고통을 제거해줄 수 있게 된다. 여기서 관점의 교환은 미추체험에 변화를 가져오기 위한 전제임을 알 수 있다.

(2) 심미적 이성

정의는 그와 같은 관점교환을 촉진시켜 아름다움의 기준이 보다 많은 사람들, 그리고 사물들(동물, 자연)이 그 기준에 부합할 수 있게 하여 아름다움의 승인을 받을 기회를 누릴 수 있게 하는 방향으로 나아갈수록 더 많이 실현될 수 있다. 그와 같은 아름다움의 기획을 '심미적 이성'이라고 말할 수 있다.[32] 심미적 이성은 곧 미추의 기준에 대한 성찰적 관점을 교환하는 의사소통이다. 그러므로 심미적 이성이 곧 대화적 이성이 되는 것이다. 이렇게 되면 이성적 옳고 그름, 윤리적 좋고 나쁨, 아름다움과 추함을 관통하는 대화적인 의사소통이 가능해진다. 법적 정의는 바로 대화적 의사소통을 통하여 이성과 윤리 그리고 아름다움을

32) 이에 관해서 이상돈, 욕망은 행복을 낯설게 한다 (연극과 인간, 2003).

변증시킬 때 비로소 실현된다. 그렇기에 미학적 정의론의 미래는 옳음과 좋음 그리고 아름다움을 아우르는 대화적 의사소통에 달려 있다고 말할 수 있겠다.

[4] 법률미학

Ⅰ. 법률미학의 의미

여기서 내가 정립하는 법률미학(legal aesthetics)은 좁은 의미의 법미학, 즉 법의 상징적 기호들이 갖는 심미적 현상의 아름다움과 추함을 미학적 체험으로부터 판단하고, 그를 통해 법이 반성적으로 변화되어가는 현상을 연구하는 분과이다. 법미학적 분석의 다섯 가지 구성요소로 배열해보면 ④ 법→③ 기호와 상징→① 미학적 체험→④ 법 [→② 가치 & ⑤ 힘]의 구조를 띤다. 이때 법은 법률이 대표하지만 헌법도 배제하지 않는다. 앞 [3] 단원에서 다룬 미학적 정의론은 헌법을 넘어서, 헌법의 배후에 위치하는 법적 정의로서 미학적 정의를 다루는 것이기 때문이다. 다만 헌법텍스트는 매우 단순하고 용량이 적기 때문에[1] 그

텍스트의 미학적 차원을 논의하는 소재로는 사법이나 형법과 같은 법률이 좀 더 적합하므로, 아래에서 법이라고 할 때에는 주로 사법이나 형법을 염두에 두기로 한다.

1. 아름다움의 보편적 양식

이때 미학적 체험은 개인적이지만 오랜 역사 속에서 보편화된 체험의 양식이라고 할 수 있는 비례성(proportionality), 정합성(coherence), 대칭성(symmetry)과 같은 기하학적 조형미와 질감미(texture) 등과 같은 양식에 응축된 보편적인 미학적 체험을 가리킨다. 다시 말해 오늘날의 법은 비례성과 정합성 그리고 대칭성의 특징을 지닌 형식이나 질감미를 통해 아름다움을 표출한다는 점이 전제된다.[2] 여기서 그런 양식에 담기는 미학적 체험을 보편적이라고 한 것은 첫째, 현재 많은 사람들이 그렇게 받아들인다는 뜻이다. 가령 오늘날 아름다운 여인이라 하면, 8등신의 비율, 즉 키는 머리의 8배율이어야 하며(비례성), 얼굴의 좌우, 어깨 높이의 좌우, 다리길이의 좌우가 같아야 하며(대칭성), 얼굴은 하얀데, 몸은 까만 식으로 일관성이 결여 되서는 안 되며(정합성), 뽀송하고 하얀 피부를 갖고 있는(질감미) 여인을 떠올린다. 이런 보편적 양식은 법의 아름다움을 직접 구성하기도 한다. 예컨대 과잉금지원칙은 법적 요건에 해당하는 행위와 법적 효과에 해당하는 법적 효과 사이의 비례성이라는 아름다움을 구현한다. 법체계는 충돌하는 법원칙들과 권리들을 각기 그리고 동시에

---

1) 또 한편으로는 나의 연구가 아직 헌법미학에까지 진행되지 않았기 때문이기도 하다.

2) 비슷한 관점으로 E. J. Weinrib, *The Idea of Private Law* (Harvard University Press, 1995), 43쪽 참조.

모두를 최대한 실현하도록 짜야 하며, 이는 법체계의 정합성이라는 아름다움으로 나타난다. 법은 정보화 사회에서 자유의 조건을 이루는 정보향유의 비대칭성을 교정하기 위한 다양한 제도(예: 제조물책임, 의료책임)를 마련함으로써 대칭성이라는 아름다움을 구현한다.

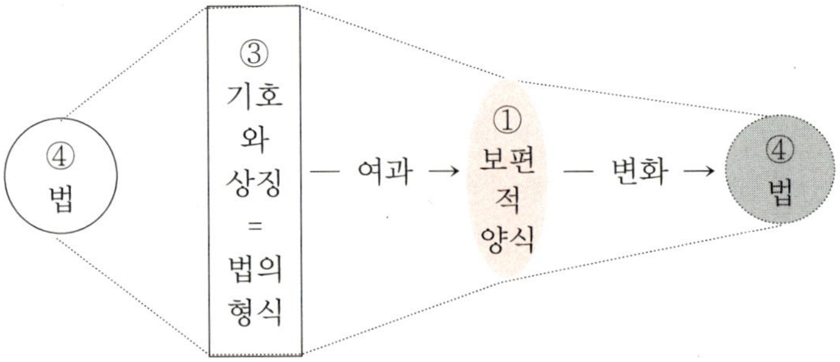

둘째, 여기서 아름다움의 양식의 보편성은 영구불멸과 동의어가 아니다. 보편적 양식은 역사적으로 변화 가능한 것이다. 우리 사회에서도 70년대까지 머리 작은 사람은 새다가리라는 비아냥거림의 대상이었지만, 오늘날은 선망의 대상이며, 긴 다리도 힘없는 학다리에서 선망하는 롱다리로 바뀌었다.[3] 이런 변화는 아름다움의 보편적 양식이 역사적인 것임을 말한다. 또한 보편성은 이데올로기혐의를 벗어난 것도 아니다. 무엇보다 아름다움의 양식이 단일할수록, 그만큼 더 적은 수의 사람들만 충족되기 때문에 행복의 조건이 불평등하게 배분되기 때문이다.

3) 이러한 통찰로 이상돈, *욕망은 행복을 낯설게 한다* (연극과 인간, 2003) 참조.

2. 법률의 형식과 기능의 관계

만일 아름다움이 정의의 구성적 요소라면[4] 법률은 아름다움의 형식에 의해 법으로서의 내재적인 제약을 갖는다. 즉 법률이 정의롭기 위해 아름다워야 하고, 아름답기 위해서는 비례성과 정합성 그리고 대칭성의 형식을 갖추어야 한다.

(1) 기능이 형식을 따른다

이런 형식은 법률이 정의로운 법으로 기능하기 위해 지켜야 하는 절대명령(Imperative)과 같은 것이다. 이를 다른 각도에서 보면 법률은 아름다움의 형식을 지키는 한에서만 정의로운 규범으로 '기능'하게 된다. 여기서 저 유명한 Sullivan의 미학적 명제, '형식이 기능을 따른다'(Form follows Function).[5]는 '기능이 형식을 따른다'(Function follows Form).라는 명제로 전환된다. 이 전환의 논리적 구조를 설명해보자. 첫째, 그의 기능주의의 명제에서 그 기능의 의미를 '아름다움의 체험'을 가능케 하는 양식의 생산으로 보자. 그러면 '형식이 기능을 따르는 것'은 곧 아름다움의 양식을 '생존에 필수적이라는 의미의 경제적 실용성'보다 우선

---

4) 이에 관해서는 [3] 단원 (미학적 정의론) 참조.

5) 이는 미국의 조각가 Horatio Greenough이 한 말을 저명한 건축가 Louis Sullivan이 "The tall office building artistically considered"(1896)이라는 논문(원문은 http://academics.triton.edu/faculty/fheitzman/tallofficebuilding.html 참조)에서 보편화시킨 명제이다: 그는 말하기를 "형식은 영원히 기능을 따른다. 이것은 법이다. 기능이 변하지 않는 곳에서 형식도 변하지 않는다". Sullivan의 이 명제는 20세기 건축과 기타 생활용품의 디자인에 광범위한 영향을 미쳤다. 1924년에 죽은 그는 말년에는 형식이 기능을 따른다고 주장하면서도 인간의 주거공간에서는 형식 자체가 일정한 기능을 수행한다는 점을 인정하였다고 한다. 이를 매우 약한 미학적 형식주의라고 할 수 있다.

하는 것을 의미하게 된다. 둘째, 이번에는 경제적 실용성으로 각인된 생존배려를 미학적 체험과 분리된 새로운 기능 개념으로 설정해보자. 그러면 Sullivan의 명제는 '생존배려적인 경제적 기능(성)은 (삶의) 아름다움을 창출하는 형식을 따라야 한다'는 명제로 뒤바뀐다. 이를 단순화시키면, '기능이 형식을 따른다'는 명제가 성립한다. 오늘날 불필요하게 열효율이 매우 낮은, 과도하게 유리로 만든 건축물들은 이렇게 역전된 Sullivan의 명제를 실천한다. 이런 역전은 포스트모던적인 것이다.

이런 역전에서 보면, 법률의 형식(아름다움)도 법률의 기능을 위해 취해지는 방편이거나 법률의 기능에 수반되는 부수적인 체험의 양식이 아닐 수 있다. 포스트모던의 시대에 법률이 정의를 실현하는 '기능'은 법률이 아름다움을 띨 수 있는 '형식'에 맞춰 조정되어야 한다. 더 나아가 법률이 실현하는 정의는 법률의 아름다움이 초래하는 효과라고 할 수 있다.

(2) 미학적 형식주의와 사회과학의 공존

이런 입장을 Gearey처럼 "미학적 형식주의"(aesthetic formalism)[6]라고 부를 수도 있겠다. 다만 이렇게 부른다고 해서 법률이 기본적으로 일정한 기획(목표)을 세우고 그것을 실행하기 위해 적합한 기능을 수행하도록 설계되고, 텍스트화되고, 집행된다는 점을 부인하는 것은 아니라는 점이다. 미학의 차원과 사회과학의 차원은 구별되어야 하기 때문이다. 즉 미학의 차원에서는 법의 기능이 법의 형식을 따른다고 말하더라도, 동시에 사회과학의 차원에서는 법의 형식이 법의 기능에 따른다고 말할 수 있다.

6) Adam Gearey, *Law and Aesthetics* (Hart Publishing, 2001), 2쪽 아래 참조.

그러므로 이를테면 법률이 그 법률이 규율하는 사회영역에서 자원배분의 최적화에 지향된 재화의 생산과 분배를 기획하고, 법률텍스트는 그런 기획을 효과적으로 실현하는 방향으로 짜인다는 식의 법경제학적 정의가 미학적 형식주의에 의해 무조건 배척되는 것은 아니다. 법경제학적 정의는 미학적 형식주의에 의해 통제될 수 있을 뿐이다. 그러므로 미학적 형식주의라고 부르기보다는 미학적 보편주의라고 부르는 것이 더 적절하다. 물론 보편 개념의 역사성과 이데올로기의 가능성을 전제로 한 채 그러하다.

(3) 법률미학의 분과적 특성으로서 형식주의

Gearey가 미학적 형식주의라고 부를 때 그것은 법미학으로서 중요한 결핍을 나타낸다. 그래서 Gearey는 "법률은 어떤 웅장한 이상, 눈이 부신 구조, 예를 들어 모더니스트 미학은 다른 담론들의 상호연결을 보여주고, 경제와 정치와의 상상력이 풍부한 앙가주망을 허용한다. 형식주의의 좁은 초점은 그와 같은 외향적(extrinsic) 인자들의 영향을 고려해 넣을 수 없게 만든다…(중략)…그래서 결국에는 미학적 고려들이 법률의 순정성(purity)에 대한 요청에 의해 지배 되어버리고 만다."[7]라고 말한다.

Gearey의 이 관점은 그 자체로서는 타당하다. 그러나 그가 말하는 미학적 정의는 나처럼 법미학을 네 가지나 되는 분과로 세분화시킨 이론에서는 타당하지 않다. 왜냐하면 그의 지적은 법률미학이 아니라 미학적 정의론이나 법이미지학, 법정미학, 법아이콘학 등이 가질 수 있는 시야에 들어오는 것들이기 때문이다. 예컨대 (미학적 정의론에서) 사형의 추함을 바탕으로 한 사형폐

7) Adam Gearey, 앞의 책, 6~7쪽.

지론은 미학적 정의가 정치적 앙가주망을 실어 날라 주는 것이며, (법정미학에서) 백인여성에 대한 배심재판에서 시각적 스테레오타입은 인종적 편견에 저항하는 미학적 정의를, (법아이콘학에서) 정의의 여신상 유스티치아의 눈가리개가 백인을 위해 '선택되고 학습된 이기성'임을 폭로하는 아이콘의 암호풀기 등은 법의 미학적 순정을 위해 정치와 경제에 대한 시야를 거세시키지 않는 것이다.

물론 Gearey의 비판은 바로 '법률미학'이 다른 법미학의 분과와 구별되는 특징으로 사용할 수 있는 유용성이 있다. 하지만 그런 비판은 분명 다음과 같은 점을 놓쳐버리는 '좁은 시야'에서 가능한 것임을 간과해서는 안 된다. 법미학의 발전은 내가 행한 분화(미학적 정의론, 법률미학, 법정미학, 법아이콘학, 법이미지학)에 의해 촉진될 수 있으며, 그런 분화 속에서 법률미학은 미학적 형식주의를 핵심으로 삼아야만 비로소 실천성을 가질 수 있다는 점을 게 된다.

3. 법률미학의 담론적 차원

법률미학적 정의와 다른 개념의 정의, 이를테면 경제학적 정의는 충돌할 수 있다. 이때 어느 것이 우선하고 어느 것이 밀려나야 하는가 라는 문제가 등장한다. 예컨대 의료재화의 최적분배를 위해서는 의료영역에서 사회적 약자인 환자에게는 자신이 진료를 받을 의사를 선택할 권리를 부여하고, 의사에게는 그 권리를 실현시켜 줄 의무(진료인수의무)를 부과하는 것이 효과적일 수도 있다고 가정하자. 물론 법경제학적으로 다른 판단을 내릴 수 있다. 이에 비해 법미학적으로는 그런 권리와 의무의 귀속은 한쪽에게만 권리를 다른 쪽에게는 의무만을 귀속시킨다는 점에서 권리와 의무의 분배가 비대칭이며, 이는 아름답지 않는 법의 형식이 된다. 즉 미학적 정의는 의사에게도 (응급환자가 아닌 한) 환자를 선택할 권리(진료거부권)를 부여할 것이 요구된다. 그러면 법경제학적 정의와 법미학적 정의가 충돌하게 된다.

그런데 이 문제는 법의 구성적 차원, 즉 아름다움이나 경제성이 법적 정의를 구성하고, 법적 정의가 아름다움이나 경제성을 발휘하는 그런 해석학적 차원의 문제가 아니라 아름다움이란 궁극적으로 무엇인가, 경제성이란 궁극적으로 무엇인가에 대한 다양한 해석(이론)들 사이의 합의가능성을 좇는 문제가 된다. 이 문제를 다룰 때에는 충돌의 전제가 된 아름다움의 기준이나 경제성의 기준에 대한 '이데올로기비판'의 차원과 자유롭고 기회 균등한 다른 기준 설정을 제시하는 담론의 차원으로 들어가게 된다. 그런 차원에 들어가면 아름다움의 기준에 대한 대화적 의사소통은 곧 정의에 대한 의사소통이기도 하다. 이는 법의 해석학적 구성적 차원의 문제가 아니라 정의에 관한 진리이론의 차원에 속한다. 여기서는 그런 진리이론의 차원에 자세히 들어가지는 않는다. 다만 법률미학과 관련하여 중요한 점은 법률미학적 차원에서 진리는 다음과 같은 속성을 띠는 것이어야 한다는 점을 간과해서는 안 되겠다. 법률의 정의는 두 차원이 함께 어우러질 때, 즉 법의 기능이 법의 형식을 따르며 동시에 법의 형식이 법의 기능을 따를 때 실현된다고 말할 수 있다.

Ⅱ. 법형식주의와 미학적 형식주의

미학적 형식주의라고 부르든 미학적 보편주의라고 부르든 그것은 '법현실주의'(legal realism)에 대응하는 '법형식주의'(legal formalism)[8]와 구별되어야 한다.

1. 법형식주의의 개념

법형식주의는 주체들의 미학적 체험이 아니라 아름다움의 형식 자체를 자기목적화하고, 그 목적의 달성에 기여하는 법(해석)만을 정의로운 규범으로 받아들인다. 이는 문학비평에서 형식주의와 유사하다. 또한 법률미학이 독일 법학의 개념사용으로 표현해보면 일종의 '미학적 법도그마틱'(ästhetische Rechtsdogmatik)이라면, 법형식주의는 교조적 법미학(dogmatische Rechtsästhetik)이라고 할 수 있다. 왜냐하면 법형식주의에서는 아름다움이 하나의 목적이 되고, 그런 목적의 달성은 공리적 유용성이 됨으로써 아름다움은 실존적 체험과 삶의 문화적 양식이라는 성격을 잃어버리게 되기 때문이다. 다시 말해 법형식주의는 수많은 사람들의 미학적 체험의 역사적 변화를 지속적으로 관찰하고 그것을 법의 형식으로 변화시킴으로써 미학적 체험에서 생성된 가치를 수용할 가능성을 배제한다. 그러니까 법형식주의는 형식의 교조화를 통해, 미학적 정의를 소외시킨다고 말할 수 있

8) 아마도 미학적 형식주의와 법형식주의를 구별하지 않는 것으로 보이는 Adam Gearey, 앞의 책, 4쪽 아래 참조.

다. 법형식주의로 변질된 법률미학의 예로 법률의 격자미학(the grid aesthetic)을 들 수 있다. 아래서는 격자미학을 예로 하여 법형식주의와 미학적 형식주의를 구별해보기로 한다.

2. 격자미학

미국의 상법학자 Hughes는 상법의 미학에서 미국법의 특징을 이루는 법미학의 하나로서 격자미학을 들고 있다.[9] 격자란 (▦)처럼 바둑판 모양을 이루는 네모꼴들을 가리킨다.

(1) 미국 통일상법전과 격자미학

격자미학은 미국의 통일상법전(UCC, Uniform Commercial Code)은 그런 기하학적 구조 속에서 각 조항은 그 규율영역을 갖는다고 보는 것이다. 예컨대 H회사가 아파트단지건설과 같은 목적을 위해 일시적으로 존재하는 특수목적회사(SPV)를 설립하고 그 자산의 일부를 양도하였고, 특수목적회사는 자산유동화증권(ABS)을 발행하여 사업을 추진하였지만 부도가 나서 ABS에 투자한 채권자에 대해 지급불능상태에 빠진 경우 채권자는 H회사에게 추심을 할 권리가 있는지는 미국 UCC §9-203[10]의 적용여부에 따라 좌우된다. 이때 담보대출에서 담보권자가 담보물 처

---

9) Heather Hughes, "Aesthetics of Commercial Law—Domestic and International Implications", *Louisiana Law Review* (Spring, 2007), 689~749쪽 참조. Hughes의 논문은 Pierre Schlag의 *The Aesthetics of American Law* (Harvard Law Review, Vol. 115, No. 4. February, 2002, 1047~1118쪽)에서 영향을 받아 ① 에너지 미학, ② 격자 미학, ③ 도구적 미학으로 상법에서의 미학을 구분하고 있다.

10) §9-203의 조문은 http://www.law.cornell.edu/ucc/9/article9.htm#s9-203에서 찾을 수 있다. 이 규정의 핵심은 채무자가 채무불이행할 경우에 담보권자는 합리적인 방법으로만 담보물을 처분하게 하고 아울러 채무자에게 담보물의 처분과 관련하여 일정한 권리를 인정하고 있다는 것이다.

분을 함에 있어 채무자에게 특정한 권리를 부여하는 §9는 H회사의 자산양도가 담보대출인지 아니면 매매인지에 따라 그 적용이 좌우된다. 이 사안에서 ABS증권의 '실질적인' 발행자는 H라는 점에서 자산양도를 담보대출로 보고, UCC §9-203을 적용하여 투자자는 H회사에 책임을 물을 수 있다고 해석할 수 있다. 아래 그림에서 §9-203의 효력영역(Geltungsbereich)은 원으로 표시될 수 있다고 하자. 그러나 격자미학은 이 사안에서 H의 자산양도를 정중앙의 격자 밖, 그러나 원의 안쪽인 a 지점쯤에 위치한다고 보는 것이다. 미국의 입법자들은 ABS법을 제정하여 H의 자산양도와 같은 행위는 매도로 간주함으로써 UCC §9-203을 무력화시킨 바 있다.

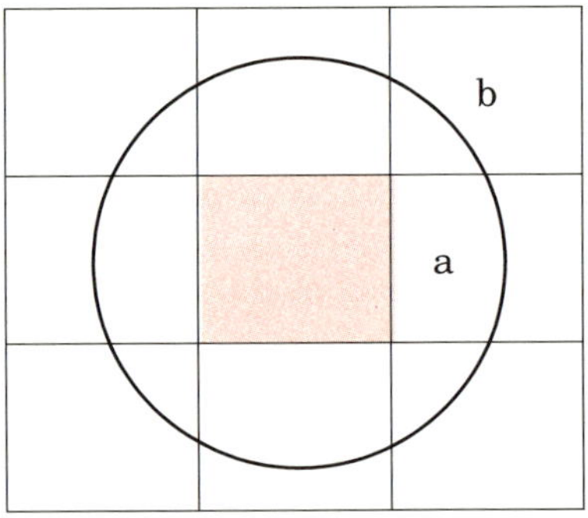

이런 입법자의 조치는 UCC의 아름다움은 오직 격자(▦)이고, 규정의 효력영역도 격자의 구조로만 정해진다고 보는 셈이다. 물론 격자는 수학적으로는 가장 비례적이고, 가장 대칭적이며, 가장 정합적인 모양이긴 하다. 그러나 원형보다 우리의 미학적 체험에서 더 아름다운 것인지는 의문이다. 격자미학은 법과 관련된 역사적으로 어느 정도의 보편성을 획득한 미학적 체험을 배후에 두지 않고 있다. 그렇기 때문에 해석자가 설정한 목적에 이바지하는 방편으로 전락하기 쉽다. 그러므로 격자는 자기목적화된 법률의 미학적 형식이라고 할 수 있다.

(2) 한국의 과도하게 결핍된 격자미학

하지만 격자모양도 아름다움을 가질 가능성을 부인해서는 안 된다. 조심스레 격자미학이 법적 정의에 기여할 가능성을 바라보아야 한다. 법의 통제영역을 좁힘으로써 시장의 행위자들에게 좀 더 안정적인 행위영역을 제공해준 미국의 격자미학과는 달리 우리나라에서는 격자미학이 갖는 아름다움의 가능성이 완전히 외면되기도 한다. 예컨대 차입매수(LOB)의 배임죄 판결 사건을 들 수 있다. 차입매수는 (대개 정리절차에 들어간) 피인수회사의 자산을 담보로 은행으로부터 대출받아 그 대출자금으로 피인수회사를 매수하여 경영을 정상화시키는 기법이다. 미국에서는 선진 경영기법의 하나로 인정된다. 그러나 대법원은 차입매수에 의하여 이후 피인수회사가 수익을 낼 정도로 경영이 정상화된 사건에서조차 인수자를 배임죄로 처벌한 바 있다.[11] 형법 제356조의 효력영역도 위 그림에서 원의 안이라고 할 때 차입매수는 그 원의 밖에 위치하는 행위라고 할 수 있다.[12] 격자로도 정중앙의 격자가 아닌 오른쪽 윗간의 격자인 셈이다. 이로써 격자의 아름다움이 가질 수 있는 미학적 정의의 최소한도 외면되고, 법의 효력영

11) 대판 2006.11.9, 2004도7027.

12) 이런 배임죄 해석에 관하여는 이상돈, "차입에 의한 기업인수(LOB)와 배임죄", *경제법연구* (제7권 1호, 2008), 171~194쪽; 조국, "기업범죄 통제에 있어서 형법의 역할과 한계—업무상 배임죄 배제론에 대한 응답", *형사법학연구* (제19권 제3호, 2007, 가을), 174쪽.

역은 방만하게 확장되어 버린다.

Ⅲ. 법의 기하학적 조형미

서양문화권에서 기하학적 조형미는 아름다움의 전형을 이룬다. 황금율, 비너스, 정의의 여신상, 로댕의 생각하는 사람, 심지어 원형감옥의 공간구조까지 대칭성(symmetry)과 균형성(proportionality), 그리고 각 구성요소들 사이의 정합성(coherence)은 기하학적 조형미의 대표적인 양식들이다. 아래서는 대칭성과 정합성의 기하학적 조형미와 법률해석의 관계만을 다루기로 한다.[13)]

1. 대 칭 성

그 가운데에서도 대칭성은 기하학적 조형미의 핵심을 이룬다. 좌우 비대칭의 얼굴은 언제나 수정되길 갈망하며, 대칭의 절정을 보여주는 바흐의 선율은 포스트모던 시대에도 언제나 감동을 주고 있으며, 도심의 센트럴파크는 도시설계의 공간적 계획에서 대칭의 중심점을 이룬다. 이런 대칭미는 심지어 19세기 낭만주의 시대에도 언제나 지속적으로 미학적 체험의 중심에서 떠나가지 않았다고 한다.[14)] 그래서 Scarry는 "인간 사회가 정의를 창조하

13) 균형성의 형식미는 이미 헌법재판소가 즐겨 원용하는 과잉금지원칙(Übermaßverbot)에서 자주 접했기 때문에 상세한 논의는 다음 기회로 미루기로 한다. 과잉금지원칙의 적용에 대해서 이상돈, *헌법재판과 형법정책* (고려대 출판부, 2005), 97~112쪽 참조.

14) Elaine Scarry, *On Beauty and Being Just* (Princeton University Press, 1999), 96쪽.

기에는 아직 미성숙한 시기에, 정의가 사라져버린 시기에서와 같이, 아름다운 것들은, 그것들은 우리에 의해 창조되는 것이 아니라 스스로 등장하는 것인데, 평등과 균형의 명백한 善을 지속적으로 가시화한다."고 말한다.[15] 이런 대칭성을 나는 아래서 외향적 대칭성과 내향적 대칭성으로 구분하여 설명한다.

(1) 외향적 대칭성

외향적 대칭성(extrinsic symmetry)은 법텍스트 자체의 구성이 법텍스트의 공간적 배열이나 조문 상호간의 관련구조의 차원에서 상하로 또는 좌우로 도형적인 일치성을 갖는 것을 가리킨다. 명예훼손죄를 예로 설명해 본다.

명예훼손죄는 크게 일반 명예훼손죄(제307조)와 출판물 등에 의한 명예훼손죄(제309조)로 구분된다. 각 조는 진실한 사실의 적시와 허위사실의 적시에 따라 두 항으로 나뉘어 후자의 경우에 가중 처벌된다. 형법상 구성요건이란 불법을 구성하는 요소들을 기술한 텍스트이다. 그런데 형법 제310조는 일반 명예훼손행위(제307조 제1항)가 진실한 사실로서 오로지 공공의 이익에 관한 때에는 처벌하지 아니한다고 규정한다. 이 규정은 잠정적으로 구성된 불법을 해체하는 기능을 수행한다.

그런데 불법의 구성과 해체라는 (그림에서 볼 때 상하의) 대칭은 일반 명예훼손죄와 출판물 등에 의한 명예훼손죄 사이에서는 이어지지 않는다. 대칭성의 아름다움은 정사각형의 상하 및 좌우 대칭일 때 완벽하다. 여기서 미학적 형식주의는 제310조의 규정을 출판물 등에 의한 명예훼손행위에도 적용하는 것을 미학

15) Elaine Scarry, 앞의 책, 97쪽.

	일반	미디어
불법의 구성	제307조 명예훼손죄	제309조 출판물 등에 의한 명예훼손
불법의 해체	제310조 위법성의 조각	
	좌우	비대칭

적 정의의 요청으로 요구한다. 이 요구는 제310조의 '진실성'과 '공익성'을 명예훼손죄(제307조 제1항)의 소극적인 구성요건요소로 바라봄으로써 충족시킬 수 있다. 왜냐하면 그렇게 바라보면 제310조는 제309조 제1항의 텍스트("사람을 비방할 목적으로 신문, 잡지 또는 라디오 기타 출판물에 의하여 제307조 제1항의 죄를 범한 자") 가운데 "제307조 제1항의 죄를 범한 자"라는 문언을 통해 제309조 제1항의 요건으로 편입되기 때문이다.

(2) 내향적 대칭성

내향적 대칭성(intrinsic symmetry)은 법텍스트의 공간적 구조의 상하 및 좌우 일치성과 같은 법텍스트 외적인 요소가 아니라 법텍스트의 '의미'가 상하로 또는 좌우로 도형적 일치성을 갖는 것을 말한다. 가령 의료인과 환자의 만남이 이루어지는 삶의 세계, 즉 의료생활세계의 기본법이어야 할 의료법은 의료인과 환자 사이에 권리와 의무를 대칭적으로 분배해야 한다. 사회보장적인 의료보험법제에서 환자를 사회적 약자로 설정하고, 권리의무를 비대칭적으로 분배할 수 있는 것과는 다르다. 말하자면 우리나라에서도 경제특구(인천 송도, 제주도)에서 자유의료시장을 인정할 경우에 국민건강보험법은 적용되지 않아도 의료법은 여전히 기본법으로 적용될 수 있어야 한다. 롤즈가 원초적 상태에서 존재한 도덕적 개인들 사이의 공정성(fairness)을 "타인과의 관계에 있어서의 대칭성"16) (symmetry of everyone's relation to each other)라고 표현한 것도 이와 같은 권리와 의무의 대칭적 분배를 가리키는 것이기도 한다.

진료비 청구권	진료비 지급의무
진료의무	수진권

이 대칭적 분배를 의사와 환자의 관계에서 설명해보자. 진료계약이 맺어지면 두 당사자는 권리와 의무가 서로 맞대응되면서 동시에 대칭적으로 분배된다. 예를 들면 의사는 진료의무를 지고, 그 의무에 맞대응된 권리로서 환자는 수진권을 갖는다. 반대로 의사는 진료의무를 이행하는 대가로 진료비청구권을 갖고, 이 권리에 맞대응된 의무로서 환자는 진료비지급의무를 진다. 이처럼 권리와 의무는 좌우로 뿐만 아니라 상하로도 맞대응되어 있고, 또한 권리와 의무의 분배는 좌우로 뿐만 아니라 상하로도 대칭성을 띠고 있다. 이것이 법의 내향적 대칭성의 도형적 표현이다.

16) John Rawls, *A Theory of Justice* (The Belknap Press of Harvard University Press, 1999), 11쪽.

공정성은 물론이고 도덕성은 이와 같은 대칭적 구조라는 형식미를 내재하고 있는 것이다.

그런데 의료법 제15조 제1항은 "의료인은 진료나 조산 요청을 받으면 정당한 사유 없이 거부하지 못한다."고 규정한다. 이는 원칙적으로 환자는 의사를 선택할 수 있지만, 의사는 환자를 선택할 수 없고, 그의 선택에 따라 진료를 할 의무만을 부담한다. 이런 조항은 내향적 대칭성의 형식미를 잃어버린다. 형식미를 회복하기 위해서는 현행법 제15조 제1항의 "정당한 사유"를 최대한 확장해석하는 방법을 동원할 수 있다.

2. 정 합 성

기하학적 조형미의 또 다른 모습은 정합성의 형식미이다. 정합성은 대칭성만큼 도형적 일치성의 성격을 띠지 않는다. 그렇다고 도형적 일치성과 무관한 것도 아니다. 다만 도형의 차원에서는 매우 불완전하고, 그래서 비대칭적일 수도 있지만, 형식적 합리성을 구성하는 조형미의 일종임을 부인할 수는 없다.

(1) 불완전한 형식미로서 정합성

정합성(整合性 Kohärenz, coherence)은 "… 모든 법적 개념과 명제들 사이의 내적 연관이나 유사성"[17]이라는 독일의 저명한 사법학자 사비니(Savigny)의 말에서 효시를 이룬다. 정합성은 19세기 실증주의 시대의 법학에서는 법이 마치 기계처럼 작동하게 되는 법의 개념체계적 구성이라는 '순수한 형식미'로 표현

17) Fr. C. v. Savigny, *Vom Beruf unsrer Zeit für Gesetzgebung und Rechtswissenschaft* (Heidelberg, 1814), 22쪽.

되었다. 이 순수한 형식미는 법적용에서 논리적 모순을 제거하고 일관성(Konsistenz)이라는 법적 가치를 실현시켰다.

하지만 법적용이 법관의 창조적 작업이 된 현대사회에서 정합성은 '근거지음의 (체계적) 연관성'이란 적극적 의미를 갖는다.[18] 근거지음의 연관성은 '실질적 형식미'라고 부를 수 있다. 텍스트의 도형적 차원이 아니라 텍스트의 의미에 대한 합리적 근거들 사이의 (보이지 않는) 내적 연관성이라는 점에서 '실질적'이며, 그런 연관성을 통해 합리성의 모순이 없는 체계를 구축해 준다는 점에서 '형식미'라고 할 수 있다. 이때 근거지음의 연관성이란 Alexy에 의하면[19] 논거들이 길수록, 다른 논거에 의해 뒷받침될수록, 논거들의 연쇄고리가 많을수록, 법원칙들 사이의 우선순위관계가 확장될수록, 경험적 · 분석적 · 규범적인 논거가 종합될수록, 사용개념이 일반적일수록, 개념들 간의 횡적 결합이 많을수록, 그리고 적용범위가 다양하고 넓을수록 그 만큼 더 '정합성'으로서 인정된다고 한다. 또한 Günther의 대화이론에 의하면 근거지음이 적용 가능한 '모든 사안에 대한 완전한 서술과 고려' 속에서 이루어질 때 정합적인 것이 된다. 이때 정합성은 사실상 법률의 사안에 대한 적용의 '적절성'(Angemessenheit)으로 환원된다. 여기서 정합성의 형식미는 폐쇄된 체계의 완벽한 구조, 이를테면 Dworkin이 말하는 '이상적으로 정당화된 법체계의 정합성'[20]과 같은 것이 아님을 알 수 있다.[21] 또한 정합성의 실현을

18) 이에 관해 자세히는 이상돈, *새로쓴 법이론* (세창출판사, 2005), 308쪽 아래 참조.

19) Alexy, "Juristische Begründung, System und Kohärenz", Behrends (편), *Rechtsdogmatik und praktische Vernunft* (1990), 97쪽 아래 참조.

20) R. Dworkin, *Bürgerrechte ernstgenommen* (Frankfurt/M. 1984).

21) J. Habermas, *Faktizität und Geltung* (Suhrkamp, 1992), 269쪽; "법의

위해 헤라클레스의 물리적 힘에 견줄만한 지적 능력을 가진 '법관'[22]이 요구되는 것도 아니다.

(2) 비대칭적인 정합성의 예

이와 같은 정합성의 형식미를 앞서 검토한 명예훼손죄를 예로 하여 설명해보기로 한다. 일반 명예훼손죄(제307조 제1항)에 비해 출판물 등에 의한 명예훼손죄(제309조 제1항)는 불법이 더 무거운 가중구성요건이다. 이 점을 다음 쪽의 그림처럼 일반 명예훼손죄의 사각형면적()보다는 더 넓게 확장된 도형()으로 표현해보자. 그러면 출판물 등에 의한 명예훼손죄에서 불법의 해체는 일반적인 위법성조각사유(형법 제20조~제24조)에 의해서 수행될 수 있다. 이때 제309조 제1항에 제310조가 적용되지 않는 것은 더 이상 대칭성의 아름다움이 탈락한 것이라고 말하기 어렵다. 두 범죄조항은 각각 다른 불법을 갖고 있다고 볼 수 있기에 불법의 해체, 특히 약한 불법은 특칙으로 해체할 수 있게 하여도 중한 불법은 특칙을 두지 않고 일반적인 위법성조각사유에 의해서만 불법을 해체하는 것은 '형식'적으로는 비대칭이라고 말하기 어렵다.

그러나 이 경우 대칭성의 형식미는 깨진 것이 아니라고 하여도 정합성의 실질적인 형식미는 일그러져 있다고 말할 수 있다. 왜냐하면 일반 명예훼손죄에 대해 특수한 불법해체사유를 인정하

정합성이론은 오직 이론이 불명확해지는 대가를 치러야만 이른바 현행법의 모순적 구조에서 비롯되는 불명확성을 피할 수 있다. 그러나 그런 이론이 실무에서 법적 안정성을 보장하는 결정을 유도할 수 있을까? …과거의 결정을 합리적으로 재구성하려면 매 사안마다 과거 결정을 변경하여야 하고 이는 현행법의 과거를 되풀이 하는 해석에 이르게 된다."

22) R. Dworkin, *Bürgerrechte ernstgenommen* (Frankfurt/M. 1984), 296쪽.

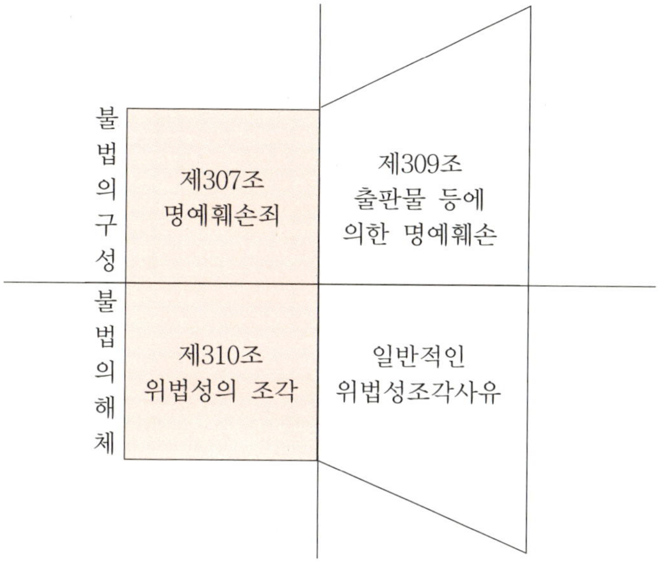

는 것은 표현의 자유를 보호하기 위한 것이고(논거 ①), 출판물 등과 같이 미디어의 성격을 띠는 매체의 경우에는 표현의 자유뿐만 아니라 언론출판의 자유까지 보호필요성이 인정되기 때문에 그러한 입법취지는 더욱 더 강조되어야 할 것(논거 ②)이기 때문이다. Alexy의 정합성 개념에 의하면 이런 논거는 출판물 등에 의한 명예훼손죄는 가중된 불법을 갖고 있어서 특칙이 적용될 필요가 없다는 논거(논거 ⓐ)보다 더 긴 것이고, 더 종합적인 것이며, 적용범위도 더 넓은 것이라는 점 등에서 더 정합적인 것이라 평할 수 있다. Günther의 정합성 개념에 의하더라도 특칙이 출판물 등에 의한 명예훼손행위에 적용되어야 한다는 논거(논거 ① ②)는 논거 ⓐ보다는 더 많은 상황을 서술하고 고려한다는 점에서 그에 따른 법적용은 상대적으로 좀 더 적절하다(angemessener)고 평가할 수 있다.

다시 말해 일반 명예훼손죄에만 진실성과 공익성을 이유로 불법을 해체할 수 있게 하면서, 출판물 등에 의한 명예훼손죄에는 그럴 수 없게 하는 것은 정합성의 실질적 형식미를 잃어버리는 것이다. 정합성의 실질적 형식미를 유지하기 위해 제310조는 출판물 등에 의한 명예훼손죄에도 적용되어야 한다.

Ⅳ. 법의 질감미

법률미학에서 아름다움의 형식으로는 기하학적 조형미 이외에 질감미를 들 수 있다.기하학적 조형미가 서구적인 아름다움의 형식이라면 질감미는 동양적인, 한국적인 아름다움의 형식이다. 여기서 질감미를 두고 형식이라 표현하는 것은 적절하지 않지만, 이 때 형식은 '기능이 형식에 따른다'는 명제에서 기능에 우선하는 아름다움의 차원을 가리키는 대명사로 이해하면 된다.

1. 법률적 정의의 차연

법률의 질감미란 도대체 무엇인가? 언어로 이루어진 법률에 무슨 질감이 있을까? 이를 이해하려면 먼저 법률텍스트는 매우 추상적이고, 일반적인 언어와 논리적 구조를 띤 텍스트이란 점에 주목해야 한다. 우선 논리적 구조의 언어적 텍스트는 질감미를 가질 수 없다. 질감미는 백옥 같은 피부에서 느끼는 정결함, 매끈한 표면의 보드라움, 찰진 듯한 점성의 촉감 등과 같이 감성적이며, 소재적이며, 비언어적인 것이기 때문이다.

그런데 법률텍스트가 어떻게 질감미를 가질 수 있을까? 여기서 중요한 점은 법률텍스트, 즉 논리적 구조의 언어적 텍스트란 개념법학적 법실증주의의 이상과는 달리 그 의미를 완전하게 담고 있어서 미래에 발생하는 모든 사안에 정합성 있게 적용될 수 있는 것은 아니며, 법률텍스트는 구체적인 사안에 자신의 의미를 — 데리다의 용어를 빌면 '차이가 연기되어 있다'는 의미에서 — '차연'(différance)시키고 있다고 말할 수 있다. 아래서는 법률텍스트의 질감미는 그것이 적용되는 사안의 질감미라는 점을 설명한다. 그리고 법률텍스트의 의미는 왜 사안에 의해 좌우되는지, 그리고 사안의 질감미는 무엇인지를 차례로 살펴보기로 한다.

(1) 질감미의 지평을 열은 해석학

법이론의 발전, 특히 법해석학(juristische Hermeneutik)의 발전은 법률텍스트의 의미는 사안을 통해 비로소 구체화되고, 사안은 그 법률텍스트에 담긴 규범에 의해서 그 법적 의미가 구성된다는 점을 밝혀냈다. 그리하여 법률텍스트의 의미는 '사안을 통한 규범구체화'와 '규범을 통한 사안구성'이 '동시적으로' 그리고 '단계적으로' 이루어지는 과정을 통해 구체화된다.[23] 사안을 통한 규범구체화와 규범을 통한 사안구성의 동시적, 단계적 진행은 "법률(구성요건)과 사안이 동시성의 카테고리 속에서 서로를 향해 발전하는 것",[24] 또는 법률과 사안의 '해석학적 순환'(hermeneutischer Zirkel)[25]이라고 표현된다. 이와 같은 법해석학의 통

---

23) 이런 명제로서 해석학적 법이론의 전형을 이룩한 Winfried Hassemer, "Juristische Hermeneutik", *Archiv für Rechts- und Sozialphilosophie* (Heft 2, 1986), 195쪽 아래 참조.

24) Winfried Hassemer, *Tatbestand und typus* (Carl Heymanns Verlag, 1968), 108쪽.

찰에서 바라보면 법률텍스트는 처음부터 사안에게 자신의 의미를 미루어 놓는다고 할 수 있고, 바로 그 점에서 법률텍스트는 존재론적으로 언제나 질감미의 차원을 갖는다고 말할 수 있다.

(2) 질감미를 극화시키는 법적 정의의 차연

그런데 법해석의 이런 순환을 두고 법(정의)은 영원히 법률과 사안 사이를 오고 가기만 할 것이라는 비아냥이 쏟아지기도 한다. 그러나 이런 비아냥거림은 데리다(Derrida)[26]에게는 어이없는 일이 된다. 법해석학에서 '사안을 통한 규범구체화'란 법률텍스트의 의미가 구체적 사안에 차연 되어 있고, 사안의 법적 의미는 법률텍스트에게 차연 되어 있다는 식으로 번역될 수 있기 때문이다. 이를 설명해보자.

언어논리적으로 이미 주어져 있는 또는 사안에의 적용을 통하여 비로소 형성된 법률텍스트의 의미는 새롭게 등장한 사안에 딱 맞게 적용될 수가 없다. 왜냐하면 사안은 하나의 소우주와 같아서 무한대의 데이터로 구성되어 있고, 모든 사안은 엄밀하게 말하면 모두 다 다르기 때문이다. 그래서 법률텍스트와 사안 사이에는 언제나 차이가 있게 된다. 따라서 (기존의) '규범을 통한 사안구성'도 불가능하다.

이를 가능하게 하려면 법률텍스트와 사안 사이의 차이를 해소해야 하는데, 이 해소는 현재 시점에서는 불가능하고 미래 시점에서만 비로소 가능하다. 왜냐하면 법률텍스트를 새로운 사안

25) 대표적으로 Arthur Kaufmann, *Analogie und "Natur der Sache"* (R.v. Decker & C.F. Müller, 1982), 58, 70~72, 78쪽 참조.

26) 데리다의 해체주의 이론과 법의 관계를 전반적으로 잘 정리한 문헌으로 내가 지도한 조민희, *쟈끄 데리다(J. Derrida)의 해체주의를 통한 법여성학의 재구성* (고려대 석사학위논문, 2008) 참조.

에 적용하는 것이 맞는 것인지를 판단할 수 있는 기준은 텍스트 내부에는 없고, 그런 적용이 미래에 사람들에 의해 수용될 것인지에 따라 좌우되기 때문이다. 그러므로 법률을 사안에 적용한다는 것은 미래의 어느 시점에 가서야 (그때의 법률적용은) 적절한 '것이었던 게 될 것이다'라는 전미래시제(futur antérieur)"[27]가 된다. 그러나 이렇게 그 정의의 내용이 전미래시제적으로 형성되는 법률텍스트의 의미도 그 미래의 시점에서 등장하는 새로운 사안과는 다시 차이를 갖게 되고, 그 차이의 해소는 다시 미래로 미루어져 있다.[28] 이렇게 볼 때 법률텍스트로부터 정의를 실현하는 것은 "결정불가능성(indécidabilité)의 시련"[29](the ordeal of undecidability)을 겪어야 하며[30] 그래서 마치 유령[31]과 같은 것이 된다. 결국 이렇게 볼 때 법률텍스트의 의미는, 특히 그 의미가 정의를 구성하는 것이어야 한다면, 언제나 차연(différance)[32]

---

27) 이상돈/이소영, 법문학 (신영사, 2005), 167~168쪽; Jacques Derrida (진태원 옮김), *마르크스의 유령들* (문학과 지성사, 2007), 392~395쪽 참조.

28) 이를 법해석학에서도 바라볼 수 있다. 나는 "좁힐 수 없는 해석학적 간극"(unreduzierbarer hermeneutischer Abstand)이라고 표현한 바 있다. 이상돈, 법이론 (박영사, 1996), 397쪽.

29) John D. Caputo, *Deconstruction in a Nutshell: A Conversation with Jacques Derrida* (Fordham University Press, 1997), 138쪽.

30) 하지만 데리다는 바로 이로 인하여 자유로운 결정된다고 본다. 그래서 그는 "딱 잘라 판단을 내리는 단절의 결정 없이는 어떤 정의도 실행될 수 없고, 어떤 정의도 발휘되지 못하며, 어떤 정의도 실현되지 못할뿐더러, 법의 형태로 규정될 수도 없다. 이러한 정의의 결정은 단지 최종적인 형태, 예컨대 비례적이거나 분배적인 정의의 질서에 속하는 형벌에만 존재하는 것은 아니다. 이는 규칙을 인식하고 읽고 이해하고 해석하며 심지어 계산하는 것과 같은 발단에서부터 권리상 또는 원칙상 시작하며, 거기서부터 시작해야 한다. 왜냐하면 만약 계산이 계산이라면, 계산할 것인가에 대한 결정은 계산 가능한 것의 질서에 속하는 것이 아니며, 그래서도 안 되기 때문이다." (Jacques Derrida (진태원 옮김), *법의 힘* (문학과 지성사, 2004), 51쪽).

31) Jacques Derrida (진태원 옮김), *마르크스의 유령들* (이제이북스, 2007) 참조.

32) "법이란 차연의 또 다른 이름"라고 말하는 Jacues Derrida, "Before the

되어 있으며, 그 차연은 구조적으로 '미래의 사안을 향해 있다'고 말할 수 있다.[33)]

[법적 정의와 선물의 동일한 구조] 데리다는 정의는 선물의 구조를 지닌다고 본다. 그 요점을 설명해보자.[34)] ① 선물은 '대가를 예정하지 않아야' 선물이다. ② 그러나 선물을 주고받을 때 주는 자는 대가를 바라지는 않아도 적어도 자신의 관대함을 칭찬하는 보상을 받는다. 또한 받는 자는 대가를 주려하지 않아야 하지만 적어도 빚(또는 신세)졌다는 마음으로 대가를 지불한다. ③ 이런 대가적 교환이 완전히 제거되려면 선물을 주는 사람이나 받는 사람이나 선물을 선물로서 인지해서는 안 된다. 왜냐하면 그런 인지에는 관대함의 칭찬이나 신세짐의 부담과 같은 상징적 등가물의 교환이 뒤따를 수밖에 없기 때문이다. 그러므로 선물은 선물을 주는 사람이 준 사실 자체를, 그리고 받는 사람은 받은 사실 자체를 각기 인식하지 않아야만 비로소 순수한 선물이 된다. ④ 그러나 쌍방의 그와 같은 불인식은 주고받은 물건을 더 이상 선물이 될 수 없게 만든다. 여기서 선물을 가능하게 하는 조건이 동시에 선물을 불가능하게 하는 조건이 되는 아포리아가 등장한다. ⑤ 그럼에도 불구하고 우리는 현실에서 선물을 주는 일을 감행한다. 이것은 '불가능한 것에 대한 (증여의) 욕망'이며, 일종의 광기가 된다. ⑥ 이 욕망이 실현될 최소한의 전제는 선물은 즉시 대가가 지불되거나 보상되어서는 안 되고, 일정한 시간(유예, 기다림)이 흘러야 한다는

Law", Derek Attridge (편), *Act of Literature* (Routledge, 1992), 203쪽.

33) 물론 전미래 시점에 차연된 정의 관념은 "지울 수 없는 유토피아의 흔적(the unerasable trace of utopianism)"(Drucilla Cornell, *Beyond Accomodation; Ethical Feminism, Deconstruction, and the Law* (Routledge, 1991), 107쪽)을 갖고 있는 것이며, '메시아적인 것(messianique)'이라고 볼 수도 있다.

34) 데리다와 인터뷰 한 후 선물과 정의에 관한 데리다의 생각을 정리해 놓은 John D. Caputo, *Deconstruction in a Nutshell; A Conversation with Jacques Derrida* (Fordham University Press, 1997), 140~155쪽 참조.

> 점이다. ⑦ 물론 시간이 흐른 뒤의 어느 시점에서도 선물은 다시 미래를 향해 여전히 대가물이나 그 상징적 등가물(관대함, 신세짐)과 교환되어서는 안 된다. 그래서 선물은 선물이 되는 것을 계속해서 미래로 미루고 있다고 말할 수 있다. 그러므로 선물은 차연이다. 다음으로 법적 정의에다 이 선물의 차연성을 환유시켜 보자. 법률텍스트에서 정의를 실현하는 것은 선물의 아포리아 구조(위의 ①~④)를 말한다. 선물 주기를 현실에서 감행하는 것(⑤)은 실정법을 만들고 그 법을 현실사안에 적용하여 정의를 구현하려는 것과 같다. 그러나 선물에 대가가 유예되어야(⑥) 하듯, 법을 현실사안에 적용하자마자 정의는 미래로 유예되어 있다. 현재의 법률적용을 통해 현실화한 규범은 미래의 새로운 사안에도 적절하게 적용될 수 있을 때에야 비로소 정의로운 것일 수 있기 때문이다. 하지만 선물의 대가지급 유예가 미래로 계속 유예되어야(⑦) 하듯, 법률적용으로 형성된 구체적 규범의 부정의를 드러낼 수 있는 새로운 사안은 미래에 계속 등장할 수 있기 때문이다.

이때 '법적 정의가 미래의 사안을 향해 있다'는 것은 초월적인 이상을 뜻하는 것이 아니라 '예측할 수 없고, 프로그램할 수 없으며, 미리 기록해둘 수 없는 어떤 것', 즉 새로운 춤의 가능성에게 (정의가 될) 기회를 준다는 것을 뜻한다. 또한 이때의 법적 정의는 시축화(temporalisation) 속에서만 가능한 것이 된다. 하지만 이런 법적 정의 개념에 내재된 시축화의 차원이 법적 정의의 유토피아적(utopic) 성격을 뜻하는 것은 아니다. 그것은 법적 정의가 전위적인(atopic 비전형적인)[35] 다양성의 성격을 갖는다

35) 이런 데리다의 사고는 Cornell이 주장하듯(Drucilla Cornell, *Beyond Accomodation; Ethical Feminism, Deconstruction, and the Law* (Routledge, 1991), 107쪽.) 유토피아적인(utopic) 것이 아니라, 전위(轉位)적인(atopic) 것이라고 봄이 더 적절하다. 이런 이해로 John D. Caputo, "Dreaming of the Innumerable: Derrida, Drucilla Cornell, and the Dance of Gender", *Derrida and Feminism: Recasting the Question of*

는 것을 의미한다.

2. 사안의 질감미로서 법률미학

(1) 사안정의의 재해석

이렇게 보면 법적 정의는 놀랍게도 독일법학에서도 종종 사용해온, 사안정의(Fallgerechtigkeit)로 미뤄져버리고 만다. 그러나 종래의 사안정의와 내가 앞에서 말한 법률텍스트의 의미가 '미래의 사안에 향해져 있다'는 의미에서의 사안정의와는 구별되어야 한다. 종래의 사안정의는 법률텍스트의 의미는 존재하고, 그 의미를 사안의 특수성에 맞게 조금씩 변형할 필요가 있다는 의미였다. 즉 법률텍스트는 보편적 의미를 갖고, 사안은 개별적 특수성만을 가질 뿐이라는 것이다. 이런 생각은 구체적 자연법의 패러다임을 전제하기 쉽다. 즉 구체적인 정의의 내용이 '지금'(현재) '여기에'(이미 이 사안에서도) 존재한다는 것이다.

그러나 '미래의 사안을 향해 차연'되어 있다는 것은 사안의 정의를 구성하는데 법률텍스트로부터 얻을 것이 없는 상황, 즉 법률텍스트 자신이 그 의미와 정의내용을 사안에 미뤄놓고 있는 상황 속에서 말해지는 것이다. 따라서 사안정의는 법률텍스트의 언어논리적 의미의 분석에 의해 발굴되지 않고, 사안 그 자체에 대한 정의판단에 의해 결정된다. 이런 점에서 Manderson의 이 말은 적확하다. "정의란 추상적인 규칙의 적용을 통해 발견될 수

Woman (Routledge, 1997), 154쪽. 예컨대 가령 호주제를 폐지하는 법발전은 자유주의 여성정책이 실현된 것이라면 여성만의 육아휴가는 급진주의 페미니즘의 여성보호정책이 실현된 것이며, 그런 정책의 전통적 성차의 재생산(예: 육아는 여성의 몫)에 대한 반성은 포스트페미니즘에 의해 진행된다고 할 때, 이런 발전은 유토피아로 향한 것이 아니라 여성성의 코드가 다양성을 갖게 되는 것을 의미한다는 것이다.

없다. 정의는 일반원칙의 적용으로 이해되지만, 동시에 그것은 — 그리고 특히 보통법 체제에서는[36] — 각 개별적 맥락의 '더 이상 분할 수 없는 단독성'(irreducible singularity)의 승인을 요구하는 것이다. …(중략)…그러므로 정당한 결정이란 규칙을 따르는 행위가 아니라 일반원칙이 특수한 사안에 적정한 것(appropriateness)인지를 재발견하는 행위이며, 그것은 자유의지의 행위이다."[37]

(2) 질감미

이때 정의판단은, 법률텍스트처럼 '언어적', '논리적', '기하학'적인 것이 아니라, '이미지적', '감성적', '소재적'인 것이 된다. 이처럼 이미지적, 감성적, 소재적인 것은 사안의 아름다움이 기하학적 조형미보다는 주로 질감미로 구성되기 때문이다. 사안은 무한대의 데이터 뭉치이며, 보는 이의 이념적 색깔에 따라 그 이념에 적합한 데이터가 다르게 선별되어 사안은 다른 색깔의 빛을 발산한다. 사안의 데이터들은 서로 정합적이어서 사안에 대한 촉감이 매끈할 때도 있지만, 서로 부정합적이어서 까칠할 때도 있다. 사안의 구체적 데이터들은 연민을 불러일으키기도 하고, 거꾸로 분노를 증폭시키기도 한다. 사안은 우리에게 논리적으로 말을 걸기보다는 어떤 다른 이미지를 연상하게 만든다. 사안은 대칭성과 균형성으로 진실함을 느끼게 하기보다는 인간적인 따뜻함과 냉정

36) Manderson이 이처럼 보통법 체계의 맥락을 강조했지만 이는 대륙법계에도 마찬가지로 타당하다. 다만 사안의 질감미는 법률적용의 단계에서 체험되는 것이기 때문에 내가 법미학을 미학적 정의론, 법률미학, 법정미학, 법아이콘학 등으로 분류할 때 법률미학의 단계에 전형적으로 위치하게 된다.

37) Desmond Manderson, "Quodlibet: Just Aesthetics and the Aesthetics of Justice", *Songs without Music: Aesthetic Dimension of Law and Justice* (University of California Press, 2000), 195쪽.

함으로 진실과 거짓을 느끼게 만든다. 사안의 이 모든 특성들은 사안의 아름다움이 기하학적 조형미가 아니라 질감미라고 말할 수 있게 한다. 질감미를 체험하는 것은 곧 "인간의 인격성에서 총체성과 하모니를 부활시키는"[38] "자유적 과정"(liberatory process)[39]이라고 말할 수 있다.

3. 질감미의 미추판단

사안의 질감미가 법률텍스트의 의미와 그 정의내용을 구성한다고 할 때, 질감미의 미추판단은 어떻게 정의와 부정의로 옮겨지고, 그에 따라 때로는 적용이 검토되던 법률의 위헌여부를 판단할 수 있게 되는 것일까? 이는 매우 어려운 문제이다.

(1) 변덕스런 감정의 지배

예컨대 강간살인범에 대해 강간살인죄를 적용하여 사형을 선고하는 경우를 사형제도의 폐지는 논외로 하고 생각해보자. '극악무도하고, 죄의식이 없고 뉘우침이 없으며, 살해동기도 없이, 반복하여 살인을 행하는 등'을 사형선고의 객관적 기준을 설정함으로써 사형을 규정한 형벌조항을 목적론적으로 축소하였다고 하자. 이런 기준은 언어로, 논리적으로, 그리고 기하학적으로 균형 잡힌 기준일 수 있다. 그에 따라서만 사형을 선고한다면 마치 레퀴엠(Requiem)에서 신이 '진노의 날'(dies irae)에

38) Boaventura de Sousa Santos, *Toward a New Common Sense: Law, Science, and Politics in the Paradigmatic Transition* (Routledge, 1995), 52쪽.

39) Desmond Manderson, "Quodlibet: Just Aesthetics and the Aesthetics of Justice", *Songs without Music: Aesthetic Dimension of Law and Justice* (University of California Press, 2000), 193쪽.

감추어진 것이 모두 밝혀지는 '적혀진 책'(liber scriptus)에 따라 심판하는 것과 같이 확고한 기준에 따라 이성적으로 행해지는 판결이 될 것만도 같다. 그러나 영화 『원티드』(The Wanted)에서는 베틀에서 짜이는 직물에 숨겨진 이름을 미래의 재앙을 막기 위해 반드시 처형해야 하는 인간으로 확신하고 그를 처형해버리는 암살 조직의 리더 폭스와 슬로안(모건 프리먼 분)이 자신의 이름이 뜨자 이후 직물에 나타나는 이름을 자기가 스스로 정하게 된다. 이 영화는 '적혀진 책'마저 인간의 변덕이나 감정에 따라 좌우될 수 있음을 보여준다. 사실 사형을 선고하는 것은 이성적인 원칙이 아니라 그 사안(범행)의 질감이 주는 추함의 체험이며, 이 체험은 '적혀진 책'에 따른 것이 아니라 진노의 날의 감정에 의하여[40] 지배당한 결과이다. 이때 살인사건에 대한 감정은 'confutatis maledictis'(악인들을 쳐부숴라)는 파토스이다.

(2) 공감의 지평

그러나 사안의 질감에 대한 추한 감정은 사람들이 사형수의 감각적 경험을 느끼지 못하게 만드는 기술인 사형수의 고립화(예: 감방에 하루 종일 갇힘)와 사물화(예: 짐승 이미지 부여)[41] 속에서 생성되고, 체험된다. 하지만 이런 체험이 폭넓은 공감(empathy), 즉 공동의 감정이입을 얻는 것은 아니다.

---

40) 이런 입장으로 Desmond Manderson, "Requiem: Green Death-Aesthetic Interpretations and Influences in the Death Penalty, *Songs without Music: Aesthetic Dimension of Law and Justice* (University of California Press, 2000), 112~113쪽.

41) Desmond Manderson, 앞의 논문, 114~119쪽 참조.

㈎ **상호주관적 질감미** 사형시키고 픈 감정의 사람들은 서로 공감을 갖고 있다기보다는 사형수의 감각적 경험에 대해 단지 '마취'되어 있을 뿐이다. 공감은 사안의 질감에 대한 미추체험을 좌우한 감정이 상호주관적일 수 있게 해주는 미학적 담론을 배후로 할 때에만 가능하다고 볼 수 있다.42) 가령 기독교적 전통에서는 "Kyrie eleison, Christe eleison, Kyrie eleison" (주님 자비를 베푸소서, 그리스도님 자비를 베푸소서, 주님 자비를 베푸소서)과 같이 그리고 "Libera me, Domine, de morte aeterna in die illa tremenda…"(오, 주여, 이 공포스러운 날에 영원한 죽음으로부터 저를 구원하소서)와 같이, 오랜 역사 속에서 공유해온 인간애의 지평이 이에 해당한다. 이런 지평에서 강간살인사안의 질감미는 아마도 고립화와 사물화의 마취에서 깨어나 자비와 구원의 지평에서 체험되는 아름다움과 추함일 것이다.

그런 점에서 공감은 사안의 질감에 대한 미학적 체험이 정의판단으로 변환되는데 필요한 공통의 통신규약으로서 프로토콜의 일종이 된다. 즉 공감이 없는 질감미는 법적 정의로 번역되지 않으며, 공감이 있는 질감미가 법적 정의로 번역될 수 있다.

㈏ **공감되는 질감미의 예시** 물론 이런 점이, 사안의 질감은 언제나 사형을 선고할 수 없다는 공감을 일으키는 것을 뜻하지는 않는다. 자비와 구원의 지평에서도 여전히 사형의 선고가 법적 정의를 완전히 탈락시킬 정도로 추한 것이 되지 않을 수도

42) Manderson은 공감을 일종의 도덕적 관점(a moral point)로 바라본다(Desmond Manderson, 앞의 논문, 125쪽). 하지만 공감이 직접 도덕적 관점이 되는 것은 아니고, 도덕적 가치와 소통할 수 있는 미학적 가치의 프로토콜이라고 볼 수 있다.

있다. 가령 통제될 수 없는 살인충동으로 연쇄살인을 일삼은 범죄자가 자신의 회복불가능한 통제력 상실상태를 통찰하고 그 통찰이 일시적으로 지속되는 순간에 '존엄사' 방식으로 자신의 삶을 마감하게 하는 사형이라면, 그 범죄사안의 질감에 대해 그 정도의 사형은 그리 추하지 않다는 공감이 성립할 수도 있다.

또 다른 예로 기업총수의 배임이나 변칙상속 등의 사건에 대한 재판에서 「특정경제범죄 가중처벌 등에 관한 법률」을 적용하면 이득액이 50억원을 넘을 경우 무기 또는 5년 이상의 징역(법 제3조 제1항 1호)을 부과할 수 있다. 도덕적 엘리트주의자들은 무기 아니면 적어도 15년 이상의 유기징역 실형을 주장한다. 그러나 그런 형벌은 앞서 말한 "적혀진 책"(liber scriptus)에 따른 심판이다. 사안의 질감은 — 이 점은 기업의 성장과 국민경제발전 기여, 총수지위에서 행한 다양한 선들(예: 공익재단의 설립, 운영, 기업성장에 따른 고용창출), 그에 대해 수많은 사람들이 갖고 있는 질시와 존경의 뒤섞인 감정들 등을 고려하여 — "적혀진 책"대로 심판하는 것(예: 그를 15년 징역형으로 감옥에 가두어 놓는 것)은 아름답지 않다는 공감을 형성시킬만 하다. 작량감경(형법 제53조)은 공감의 질감미를 양형에 고려할 수 있게 해주는 제도이다.

(3) 질감미와 니체의 고귀한 연민

이런 두 사례에서는 '눈에는 눈, 이에는 이'와 같은 교환적 정의의 대칭미가 훼손된다. 이 훼손은 사안의 질감미라고 하는 동양적 미의 전형을 위한 것이었다.

(가) 주인도덕으로서 고귀한 연민　　그런데 흥미로운 것은 니체(Nietzsche)의 사상에서 이 질감미와 유사한 개념이 등장한다. 즉 힘에의 의지를 실현하고, 삶을 증강시키는 긍정적인 충동은 고귀한 연민(noble compassion)으로 나타난다. 고귀한 연민은 초인이거나 초인으로 성장해가는 사람들이 고통 받는 자에게 여분의 삶의 에너지를 주는 것, 즉 도덕과 무관하게 삶을 긍정하는(life-affirming) 에너지를 주는 것이다.

니체는 예컨대 살인자를 교수형으로 대응하는 평균적 정의의 냉혹함을 비판하고, 정의는 모든 죄도 짊어질 수 있는 고귀한 연민이 없이는 가능하지 않으며,[43] 평균적 정의의 관념이 자신의 잘못을 책임지기 어려운 사람들, 그의 실존 속에서 삶을 견뎌내기 힘든 고통에 대해 연민을 가질 때, 정의는 가능한 것이라고 보았다.[44] 니체가 말하는 아름다움의 체험, 즉 삶을 증강시키는 힘의 증가에 빠져드는 느낌(도취감)[45]의 아름다움은 바로 사안의 질감이 발산하는 아름다움일 것이다.

> **[니체의 형법적 책임의 이해]**　　이런 고귀한 연민의 요청으로 인해 니체가 형법의 책임 개념을 폐기하였거나 사람들에게 책임감을 내놓으라고 한 것으로 오해 되서는 안 된다. 그의 기획은 책임을 도덕적 미덕과 관계없으면서도 주관적인 죄의식에서도 해방된, 그러나 약속을 지키는 능력을 유지하기 위한 제도로 만드는 것일 뿐이다. 니체에게 책임은 삶을 증강시키고 세계의 역동적 창조성을 높이기 위해 개인이 노력해야 할 과제로 재해석된다. Valverde는 프로이트의 이론에 기대어 형법상 고의(dolus)도 반의식적인 것이

43) 니체 (정동호 역), *차라투스트라는 이렇게 말했다* (책세상, 2006), 114쪽.
44) 니체 (김정현 역), *도덕의 계보* (책세상, 2002), 416쪽 참조.
45) 이에 관해 앞의 [1] 단원. Ⅲ.3.(2) (나) 참조.

며, 따라서 니체에게서 "형법은 민법의 단계로 강등된다"고 주장한다.[46] Valverde의 이 해석은 형법상 책임은 민사상 채무(Schuld)와 같은 것, 그래서 "비난 없는 형벌"[47]에 관한 Hassemer의 사상과 함께 니체적인 연원을 갖는 것이라 할 수 있다. 그러므로 고귀한 연민은 형법에서는 형벌은 언제나 책임의 양보다 반드시 적게 부과되게 만든다. 이로써 책임은 형벌을 근거짓는다는 책임원칙의 한면은 사라지고, 책임은 형벌을 제한한다는 다른 한면만 남게 된다.

(나) 도덕적 연민과 절차주의모델 가령 항암치료를 받다 식물인간이 된 지 6개월 정도 경과한 경우, 또는 고통이 극에 달하였고, 불가역적인 죽음의 과정이 진행되고 있는 말기암환자의 경우에, 가족이나 의사는 치료를 중단할 수 있는가? 보라매병원사건에서 생존가능성이 있는 뇌수술 직후의 환자에 대한 치료중단이 살인죄(가족)와 살인방조죄(의사)로 해석[48]된 이후 식물인간에 대한 치료중단을 놓고 의사와 병원측과 환자 가족들 사이에 실랑이가 벌어지고 있다. ① 치료중단을 허용하지 않는 입장은 생명의 의과학적인 유지로 표현되는 생명의 (종교적) 신성성을 위한 가장 도덕적인 행위로서 모든 비용과 노력을 아끼지 않고 치료를 계속함으로써 생명의 유지를 도와주는 '동정', 그리고 그런 동정을 통해 삶의 고통을 초월하고, 각자가 불멸의 주체로 살고

46) Marrana Valverde, "Pain, Memory, and the Creation of the Liberal Legal Subject: Nietzsche on the Criminal Law", Peter Goodrich / Mariana Valverde (편), *Nietzsche and Legal Theory: Half-written Laws* (Routledge, 2005), 81쪽(이상돈/이소영/민윤영/정채연, *문헌연구 포스트모더니즘과 법* (세창출판사, 2006), 75쪽).

47) Winfried Hassemer/Günther Ellscheid, "Strafe ohne Vorwurf", Lüderssen/Sack (편), *Seminar: Abweichendes Verhalten II. Bd.1* (Suhrkamp, 1998), 266쪽 아래 참조.

48) 대판 2004.6.24, 2002도995.

픈 욕망을 보여준다. 니체의 관점에서 보면 이런 동정은 노예도덕일 뿐이다.

② 반면에 식물인간의 치료중단이 부족한 중환자실을 모든 환자에게 최적 배분하여 사용하기 위해 허용될 수 있다는 공리주의는 연민이 모든 사람에게 제공되는 평등성을 띨 때에만 연민의 가치를 인정하는 일종의 허무주의적인 냉소이면서 사이비 형이상학이다.

	고통	소생가능성	도덕주의	공리주의	절차주의
안락사	○	×	●	×	△
치료중단	×	○	●	×	△

○ 있음, × 없음, ● 치료계속, × 치료중단, △ 자율결정

③ 니체는 고통이란 도덕적 성숙을 위한 과정이라는 식의 의미를 가지지 않는 것임('무의미성' Bedeutungslosigkeit)을 인정하고, 그 고통과 거리를 유지하는 힘을 증강시켜가는 삶의 태도가 필요하다고 한다. 이러한 입장의 실용적 결론은 절차주의적 모델[49] 안으로 들어올 수도 있다. 첫째, 치료를 중단하고 계속하는 것과 그로써 생명이 더 연장되거나 그렇지 않게 되는 것을 결정하는 도덕적 기준이 없어야 한다. 그래야 고통은 삶에서 제거할 수 없고, 또한 무의미한 것으로 남기 때문이다. 다시 말해 환자가족들은 어떤 결정을 하건 도덕적 부담을 지는 것이 아니다. 둘째, 치료를 계속하고 안하고는 결국 환자가족들이 삶을 증

49) 이에 관해서는 이상돈, *치료중단과 형사책임* (법문사, 2002), 43~52쪽, 165쪽 아래 참조.

강시키는(life-enhancing) 행위를 얼마나 하느냐에 좌우된다. 그런 행위가 신중한 결정을 하게 하는 절차 속에서 장려될 수는 있다. 그것은 자기 자신이 되어가는 과정이기 때문이다. 하지만 어떤 결정내용을 강요할 수는 없다. 아울러 치료계속과 치료중단의 차이는 고귀한 아름다움과 추함의 양적 차이에 불과하고 합법과 불법의 이원론에 의해 평가되지는 않는다.

[5] 법정미학

Ⅰ. 법정미학의 의미

1. 법정에서 미추의 작용

법정에서 심리한 끝에 법관이 내리는 사실인정의 결론은 실제로는 '느낌, 직관 또는 미의식' 가운데 하나가 좌우하기 쉽다.[1] 느낌, 직관, 미의식은 하나가 되기도 한다. 특히 소송에서 등장하는 진술, 소송당사자를 비롯한 증인 등의 외양에서 연상되는 이미지는 느낌이나 직관의 작용과 미학적 체험을 통합함으로써 일정한 미학적 가치를 생성시킨다. 이 미학적 가치는 유무죄의 사

1) 같은 입장으로 Peter Heerey, "Aesthetics, Culture and the Whole Damm Thing", *Law and Literature* (Fall, 2003), 295~311쪽, 특히 308쪽 참조.

실판단에 내재된 가치판단과 소통함으로써 유무죄판단의 코드로 전환된다. 가령 미국의 배심재판에서 금발의 백인미녀의 아름다움은 좀처럼 무죄의 판단코드로 전환되기 어렵다.

이처럼 법정의 심리에서 미추의 '기호와 상징'으로서 이미지(예: 금발의 백인)가 일정한 '미학적 체험'(예: 아름다움을 느낌)을 가져오고, 그로부터 소송참여자들의 진술에 대한 신뢰 또는 불신의 '힘'이 생성되며, 그 힘에 이끌려 유·무죄의 판단이 좌우되는 [아울러 그런 판단에 의해 일정한 가치가 실현되기도 하고 차단되기도 하는] 현상을 연구하는 분야를 법정미학(forensic aesthetics)이라 부를 수 있다. 법정미학에서 이미지는 다른 법미학의 분과에서보다 특히 스테레오타입(stereotype)의 형태를 띠기 쉽다. 예컨대 미국에서 아시아계 남성은 미국의 초기 활동사진산업에서 남자보다 작게 그려지고, 비열하고 경쟁적이고 이기적인 존재, 이른바 황화(黃禍 yellow peril)[2]의 이미지를 갖기 쉽다. 그런 스테레오타입은 한국남성이 미국법원에서 경제범죄자로 재판받을 때 무죄를 얻어내기 매우 힘들게 만든다. 이는 20대의 흑인남성이 폭력범죄의 피고인으로 법정에 섰을 때 무죄판결을 받기 힘든 것에 견줄 수 있다.

법정미학은 물론 법정심리학과 불가분의 관계에 놓인다. 미학적 체험은 내면의 심리적 현상으로 옮겨지기 때문이다. 특히 법관을 포함하여 소송참여자들이 연상하는 이미지는 정신적 외상(trauma)에 의해 생성되곤 한다. 이 경우에 진실발견은 그 정신적 외상에 대한 분석이 없이는 매우 어렵다고 할 수 있다. 그렇

2) 이에 관해서 자세히는 Tan Pham, "Unseen Yellow", *Howard Scroll: The Social Justice Law Review* (Fall, 2004), 1~31쪽, 특히 6~8쪽 참조.

기에 법정미학은 법정심리학과 동맹을 맺어야 그 기능을 더욱 잘 발휘할 수 있게 된다.

2. 법정미학의 차원들

소송에서 사실인정에 작용하는 미학적 차원은 법률해석에서도 등장한다. 하지만 과거의 사실을 판단하는 법관의 인식활동에서는 거의 본질적이라고 할 만큼 그 비중이 훨씬 더 커진다. 이는 법관의 심증형성이 내가 '마당적 이해'라고 부르는 이해의 특성(아래 II.)을 갖고 있기 때문에 더욱 더 심화된다. 마당적 이해의 특성은 사실인정에서 미학적 차원(아래 III.)을 매우 중요하게 만든다. 소송에서 미학적 차원은 비단 구체적인 사건에서의 사실인정에만 존재하지 않는다. 사실인정의 제도 차원(아래 IV.)에도 존재한다. 또한 시민사회에는 현대사회일수록 각종 강력범죄에 대한 강한 처벌을 원하는 집단적 감정이 증대해간다. 이는 많은 경우 범죄에서 연상되는 이미지가 정의의 요청을 넘어서 범죄자를 응징하고 싶은 충동을 일으키는 추한 미학적 체험의 집단적 발생을 초래하여 만든 결과이기도 하다. 이런 처벌의 감정적 욕구는 어쩔 수 없이 법치국가적 전통에서 전승된 피고인을 보호하는 형식들과 충돌하게 된다. 이 충돌을 조정하는 것 역시 법미학의 한 차원이 된다. 현재로서는 이와 같은 세 분야가 법정미학(forensic aesthetics)의 중심적인 차원을 이룬다고 볼 수 있다. 물론 법정미학은 이제 막 생성되어 가는 학문이기 때문에 이외에도 앞으로 새로운 문제차원을 갖게 될 수도 있을 것이다.

Ⅱ. 소송의 특성과 미학적 체험

1. 마당적 이해

사실인정의 인식활동, 즉 법관이 소송에서 사실을 확정하는 인식활동은 흔히 (실체적) 진실을 발견하는 것이라 이해된다. 사실확정이란 주체가 객체를 인식하는 행위로 이해되는 셈이다. 그러나 사실확정은 소송에서 등장하는 정보를 합리적으로 사용하여 과거에 존재했을 사안을 재구성하고, 그 재구성의 타당성을 주장하는 말행위라고 볼 수 있다. 그런 말행위에는 법률해석과 달리 말놀이가 없다는 점이 다르다. 사실인정에 관한 법관의 말행위는 합리적인 심증형성의 결과이어야 한다. 그런 심증형성의 이해를 나는 마당적 이해로 특징짓는다.[3]

(1) 장면적 이해

이 개념은 내가 10여 년 전 나의 스승이자 독일 연방헌법재판소 재판관인 Hassemer의 해석학적 개념, 장면적 이해(szenisches Verstehen)[4]를 한국적 법문화에 변화·수용한 개념이다. 이런 마당적 이해의 구조적인 특징으로 원래 Hassemer가 제시한 것은 다음의 다섯 가지였다. ① 첫째, 이 이해는 정보를

3) 이하 1.2.단락의 내용은 이상돈, "현대적 형사사법에서 공판개혁의 방향", *사법* (창간호, 2007), 83~106쪽; 이상돈, *기초법학* (법문사, 2008), [12] 단원 Ⅳ.1.의 내용을 요약 정리한 것임.

4) Winfried Hassemer, *Einführung in die Grundlagen des Strafrechts* (C.H. Beck, 1990), 122~126쪽 아래 참조.

매개로 이루어지는데, 소송에서 등장하는 정보(예: 특히 태도정보)는 법관이 인지하기도 전에 너무 쉽게 날아가 버리는 속성이 있다(휘발성). ② 둘째, 소송에서 등장하는 정보의 양과 질은 법관을 비롯한 소송참여인들 사이의 상호작용과 의사소통의 복잡한 양상에 따라 달라진다(상호작용의존성). 예컨대 법관이 신문하는 태도는 피고인의 진술이나 증언[5]에 매우 큰 영향을 미친다. ③ 셋째, 법관은 소송에 등장하는 정보를 선별(선택과 배제)하여 인지하며, 그렇게 선별된 정보들만을 하나의 정합적인 (정보들의) 체계 속에 마치 직물 짜기[6]하듯이 짜 넣는다(정보의 선별과 조합). ④ 넷째, 그런데 이 선별의 과정은 그 이유를 '말할 수 없는', 심지어 표현할 수도 없는 주관적 기준, 즉 선이해(Vorverständnis)에 의해 영향을 받는다(인지의 주관성). ⑤ 다섯째, 이와 같은 여섯 가지 특성으로 인해 사실확정의 인식은 언제나 성공이 불확실하다(성공의 불확실성). 여기서 성공이 불확실하다는 것은 소송당사자들이 법관의 사실인식을 '진실한 것'으로 승인하기가 매우 어려움을 말한다.

---

5) 이 점을 고려하여 판사의 고압적인 태도가 피고인에게 충격을 주어 피고인으로부터 나올 수 있는 정보의 양과 질에 영향을 주고, 특히 "피고인의 자기존중감과 자존심을 심하게 손상시키고, 그로 인하여...반복적으로 비행이나 범죄행각을 하게"되지 않도록 소송참여인들의 상호작용 양식이 "사회의 정신건강을 증진시키는" 치료적 기능을 할 수 있도록 되어야 한다는 주장으로 1999년 8월 20일에 개최된 한국심리학회 연차학술대회 공청회 섹션 III(법심리학 공청회)에서 내가 발표한 "형사소송의 대화이론"에 대한 박광배 교수의 토론문 "치료적 법철학: 마당적 이해의 한 요건" 참조.

6) 프랑스 해체주의 철학자 데리다(Derrida)는, '실과 씨실이 서로 얽혀들면서 직물이 짜이듯, 상이한 정보들이 서로 얽혀들며 텍스트의 패턴을 구성한다'고 말한다. 이에 대해 자세히는 김형효, *데리다의 해체철학* (민음사, 1993), 27쪽 참조.

(2) 무정형성과 스토리텔링의 성격

내가 말하는 마당적 이해는 이런 장면적 이해에다 다음 두 가지 특성이 추가된 이해이다. ⑥ 첫째, 마당적 이해에서 펼쳐지는 이런 상호작용과 의사소통은 계획되거나 그 양상이 정형화될 수 없다는 점이다. 왜냐하면 예컨대 소송참여인들이 누구와 어떤 상황에서 대면하고, 상대방들이 어떤 반응을 보이느냐에 따라 자신의 반응은 그때그때 즉흥적으로 변화하고, 그런 변화는 다시금 상대방으로 하여금 다시 다른 반응을 하게 만들기 때문이다. 예컨대 방청객이 얼마나 모였느냐, 법관이 1명이냐 3명이냐, 증인의 태도가 공격적이냐, 더 나아가 법정의 조명이 어두운지, 밝은지와 같은 공간적 요소들도 소송참여의 능동성이나 적극성 등에 영향을 미친다.

⑦ 둘째, 그렇기 때문에 소송에 등장하는 정보들을 창출시키는 상호작용과 의사소통에 계속 참여한 사람들(법관, 피고인, 변호인, 검사)의 사실인식은 언제나 상이하고 주관적인 스토리텔링(storytelling)[7]이기 쉽다는 점이다. 여기서 인식행위를 스토링텔링이라고 말할 때, 이는 '정보의 선별과 조합에 선이해가 개입한다'는 차원 또는 사태에 대한 기술이 인식과 언어적 표현의 순차적 과정이 아니라 불확실한 언어의 귀속이라는 차원[8]에 그치지

7) 법학이란 이야기하기(storytelling)의 일종이며, 법 또한 해석되어야 할 하나의 이야기에 다름 아니라는 점은 D. Farber/S. Sherry, "Telling Stories Out of School: An Essay on Legal Narratives", *Stanford Law Review* (Vol. 45, 1993), 807쪽 참조.

8) 이런 인식을 처음으로 전개한 나의 학위 논문 Sangdon Yi, *Wortlausgrenze, Intersubjektivität und Kontexteinbettung* (Peter Lang, 1992), 207쪽; 이상돈, 형사소송원론 (법문사, 1998), 6~8쪽; 즉 인식이란 일정한 외부세계의 사태를 '지각'하고, 그 지각한 대상에 어떤 언어기호를 선택·귀속시키는 작업인데, 이 언어귀속은 언제나 불확실한 것이고, 주체(법관)의

않고, 법관이 인식했다고 말하는 과거의 사건에는 분석 불가능한 법관의 문학적 또는 수사학적 상상이 개입한다는 차원에로까지[9] 나아간다.

그런데 법미학이 관심을 갖는 것은 법정에서의 미추체험이 스토리텔링을 구성하는 기능을 갖는다는 점이다. 과거의 사실에 대한 판단에 개입되는 문학적 또는 수사학적 상상의 방향은 법관이 소송참여자에 대하여, 또는 그들의 진술에 의해 그리고 그들 사이에 펼쳐지는 상호작용의 모습에 의해 촉발된 미추체험에 의해 좌우되기 쉽다. 미추체험은 일종의 스토리텔링의 나침반과 같다고 말할 수 있다.

2. 마당적 이해를 구성하는 미추체험

법정미학의 과제는, 성공이 불확실하고, 무정형적인 마당적 이해를 좌우하는 가장 중요한 요소 가운데 하나가 법관의 미추체험임을 인식시키고, 그런 미추체험의 다양한 차원을 드러내 보이며, 아울러 미추체험과 교류하는 방법을 개발하는 데에 있다. 미학적 체험이 어떻게 소송에서 사실인정을 좌우하는 것인지를 설명해보기로 한다.

(1) 아름다운 증인과 추한 증인

사실인정에서 가장 중요한 증거는 무엇보다도 증인의 증언이다. 법정미학의 꽃은 증인의 태도(demeanor)에 있다고 해도 과언이 아니다. 우선 증언의 신빙성은 증인을 신문할 때 증인이 법

언어적 감수성에 따라서, 그리고 그 배후에 있는 선이해에 따라서 매우 유동적일 수 있다는 것이다.

9) 이상돈/이소영, *법문학* (신영사, 2005), 78쪽 아래.

관에게 어떻게 보이고 들리는지에 따라 좌우될 수 있다. 법관에게 '어떻게 보이고 들리는가'의 핵심은 증인의 진술에 대한 법관의 미추판단에 달려 있을 수 있다. 예컨대 아름다운 증인, 이를테면 '법관의 눈을 똑바로 바라보고, 크고 분명하게 말하며, 적대적이지도 논쟁적이지도 교활해보이지도 둔해보이지도 않는 증인'[10)]의 정보는 선택되기 쉽고, 쉽게 휘발되지 않고 오래 기억에 남으며, 신빙성이 있다고 믿기 쉽다. 아름다운 증인은 외모가 매력적인 증인 뿐만 아니라 지성적이어서 아름다운 사람, 순박하고 강직해서 아름다워 보이는 사람 등을 모두 포함한다. 어쨌든 여기서 중요한 점은 미추체험이 마당적 이해의 휘발성, 정보의 선별과 조합, 인지의 주관성(선이해)을 '구성'하는 것임을 알 수 있다.

(2) 피고인의 추함과 아름다움의 구조

법미학적으로 볼 때 검사와 변호인이 재판석 좌우에 있고, 피고인을 법관 맞은 편에 심판받는 자의 위치에 앉혔던 공판정구조는 피고인에게 추한 존재의 이미지를 덮어씌운다. 유죄의 심증은 그런 피고인의 추함을 이미지화하는 공간구조에 의해 이미 시작된다. 이런 추함의 공간구조는 피고인에게 유죄가 확정되지 않았음에도 불구하고 죄수복까지 입힘으로써 더욱 고조된다. 헌법상 보장된 무죄추정원칙은 이런 추함의 공간구조를 제거하는데서 시작된다. 법관, 검사, 피고인과 변호인이 비록 원탁에 앉을 수는 없을지라도 피고인 측과 검사의 좌석을 나란히 법관의 맞

10) 이를 "좋은 증인(good witness)"으로 표현하는 Peter Heerey, "Aesthetics, Culture and the Whole Damm Thing", *Law and Literature* (Fall, 2003), 299쪽.

은 편에, 적어도 정삼각형(△)의 구조로 배치시켜야 한다. 이로써 불완전하나마 법원과 대화적 형상의 공간이 형성될 수 있고, 피고인의 공간구조적 추함은 어느 정도 제거될 수 있다. 2007년 개정 형사소송법 제275조 제3항[11]은 이런 미학적 법정구조를 실현하였다. 이런 좌석배치에 의해 조서재판 시대에는 심판의 객체에 불과하였던 피고인이 비로소 법관의 마당적 이해의 구성에 참여하는 주체로서 자리매김될 수 있다. 물론 이럴 경우에 구속된 피고인에게 법정에 출석할 때 죄수복을 입혀서는 안 될 것이다. 이와 같은 재판의식의 변화는 법관이 부단히 소송당사자, 특히 피고인의 스토리텔링에 귀를 기울일 수 있기 위한 전제가 된다. 법정의 의식에서 피고인이 검사와 동등하게 대우받음으로써 피고인의 법적 청문권 행사는 매우 활성화될 수 있고, 그럴 때 법원은 지극히 주관적인 스토리텔링(storytelling)을 하지 않을 가능성도 확보할 수 있게 된다.

(3) 소송지휘와 미추체험

미추체험이 마당적 이해를 구성한다는 또 다른 예로 소송지휘를 설명해보자. 소송에서 심리를 언제 종결할지는 매우 중요하다. 법관의 업무량을 좌우할 뿐만 아니라 진실을 발견할 가능성을 좌우하며, 당사자의 상소결정에도 매우 큰 영향을 미친다. 그러나 소송법이론적으로나 실무상으로 변론종결의 시점을 정하는 어떤 합리적 기준도 존재하지 않는다. 마당적 이해의 무정형성은 곧 변론종결에 대한 법관의 전적인 자유재량을 의미한다. 이 자유재

11) 형사소송법 제275조 제3항: 검사의 좌석과 피고인 및 변호인의 좌석은 대등하며, 법대의 좌우측에 마주 보고 위치하고, 증인의 좌석은 법대의 정면에 위치한다. 다만, 피고인신문을 하는 때에는 피고인은 증인석에 좌석한다.

량성은 소송법이론에서는 소송지휘의 개념에 의해 뒷받침된다.

그런데 변론종결과 같은 소송지휘는 완전히 자유로운 재량영역이지만 사실은 미추체험에 의해 어느 정도 의무화된다고 할 수 있다. 가령 법관의 입장에서 아름다운 증인과의 만남은 변론을 빠르게 종결짓기 쉽게 한다면, 추한 증인과의 만남은 덜 추한, 더 아름다운 증인에 대한 미련을 갖게 한다. 또한 심리과정에서 소송참여인들 사이의 상호작용이 추해질수록, 법관은 변론을 제한하고, 종결짓는 의지를 강하게 갖기 쉽다. 그렇기 때문에 심리가 어디까지, 어떤 방향으로 진행될지는 심리를 해나가면서 그때그때의 미추체험에 의해 좌우된다고 말할 수 있다. 여기서 형사소송의 공판준비기일에 행해지는 심리의 준비[12]가, 준비기일에 채택되지 않은 증거를 공판기일에 원칙적으로 증거신청할 수 없게 하는 등과 같이, '계획심리'[13]가 된다면, 그것은 법정심리의 미학적 차원을 거세하는 것이라고 말할 수 있다.

---

12) 2007년 개정형사소송법은 수명법관으로 하여금 공판준비기일에 재판장의 권한을 행사함은 물론이고, 증거채부결정(제266조의9, 제1항 8호)과 같은 법원의 권한까지 수행하고, 소송지연을 가져오거나 공판준비기일에 증거제출 못한 부득이한 사유가 없거나 있어도 중대한 과실이 있다면 원칙적으로 증거신청을 할 수 없게 하고(제266조의13) 있다.

13) 계획심리에 관해서 서울중앙지방법원 이한주 판사의 "공판중심주의의 구현(Ⅱ)"(2006.11.13.) 참조. 이 판사가 말하는 계획심리란 쟁점이 복잡하고 증거가 방대한 사건에서 모두진술 후에 법정이나 기타 장소에서 쟁점을 정리하고, 기일진행협의 등을 법원의 소송지휘로 행하며, 더 나아가 증인신문에 장시간이 소용될 것으로 예상되면 검사와 변호인에게 증인신문사항을 제출하게 하여 가급적 일과 중에 증인신문이 끝나게 하는 계획을 말한다. 이에 비해 복잡·방대한 사건이 아니면 공판준비를 위해서는 답변서와 공판심리의견서를 이용하지만, 그 내용이 부실하여 자백사건인지 여부와 심리시간의 예상 등에만 실익이 있다고 한다. 이러한 계획심리에 대한 나의 비판으로 이상돈, "현대적 형사사법에서 공판개혁의 방향", *사법* (창간호, 2007), 103쪽 참조.

Ⅲ. 소송의 미학적 구성요소

마당적 이해를 구성하는 심미적 체험이 등장하는 전형적인 장소로는 무엇보다 구술성, 수사성, 시각성을 들 수 있다.[14)]

1. 법정미학의 지평을 열어주는 구술성

법정미학의 지평을 열어주는 핵심제도는 심리의 구술주의(Mündlichkeitsprinizip) 또는 구술성(orality)이다.

(1) 구술성의 법미학적 의미

이를테면 증인의 목소리는 그의 진실된 내면을 법관에게 전달해주고, 그의 음색은 그의 표정에다 진실과 거짓의 색을 칠해주며, 말소리의 톤은 분노와 미움의 감정을 일으켜 불신의 의지를 키워주거나 신뢰의 마음을 안정화시켜주기도 한다. 법관의 권위적인 말은 복종 혹은 반발의 감정을 일으키지만, 지성적이며 설득적인 말은 소송참여인들이 진실을 말하게 하고, 또 그 진실을 수용하게 만든다.

이에 비해 법정에 현출되는 증거들이 서면으로 되어 있다면

14) 이 세 가지 요소는 Heerey가 언급한(Peter Heerey, "Aesthetics, Culture and the Whole Damm Thing", *Law and Literature* (Fall, 2003), 296~307쪽) 구술성(orality) 언어(language), 시각성(visuality), 유머(humor)를 변형한 것이다. 첫째, 한국법정의 현실에서 (특히 법관을 향한) 유모는 법정모독죄를 구성할 수 있기 때문에 일단 제외하고 논의할 필요가 있다. 둘째, Heerey가 말하는 언어는 주로 약인(consideration)이나 mutatis mutandis와 같은 법언어를 다루고 있어, 마당적 이해에서는 수사로 교체할 필요가 있다.

그 서면이 담고 있는 정보의 논리적 추론이나 조합, 정보의 체계화 및 명확화가 촉진될 수는 있지만 그 정보를 제공한 주체(증인)들의 태도는 제거됨으로써 법관이 그 정보를 믿을지 않을지를 결정하는 요소로서 심미적 판단의 결과를 얻을 수 없다.

(2) 미학적 체험을 고갈시키는 서류재판

서류심리만을 하는 상고심의 경우에 서류에 등장한 정보들의 분석을 통해 판결의 '논리적(logical)인 모순과 결함'을 찾아낼 수는 있지만, 스스로 어떤 정보를 믿고 어떻게 정보들을 조합하여 결론을 내려야 할지를 결심할 수 있게 해주는 직관의 힘은 가질 수는 없다. 그렇기 때문에 상고심은 원심의 사실인정이 잘못되었다는 의심이 들 경우에 원칙적으로 원심판결을 파기하여 자판하지 않고, 원심에 사건을 환송시켜야 한다. 이는 바꿔 말하면 상고심은 사실인정에 관한 한 미학적 지평을 갖고 있지 않다는 것이 된다. 제1심과 항소심에서도 법정미학의 지평은 현저히 위축될 수 있다. 특히 조서재판의 현실이 그 대표적인 예이다. 형사재판에서 수사기관이 작성한 피의자신문조서의 내용 그대로 판결이 된다거나, 검사가 공소장에 기재한 공소사실이 법관의 판결서에 그대로 복사된다거나, 증인신문사항(서면)을 제출케 하여 증인신문할 때 법관이 그 서면만 쳐다볼 뿐 증인의 태도를 지각하지 않는 등의 행태에서는 법정에 현출되는 증거에 대한 심미적 체험이 고갈되기 쉽다.

2. 법정수사의 미학적 기능과 영화적 텍스트의 형성

수사(修辭)는 마당적 이해에서 미학적 요소를 증대시킨다. 그것은 변론의 장식적 요소이지만 법관에게 검사와 피고인 측이 들려주는 스토리텔링의 미학적 차원을 증대시키는 요소이다(아래 (1)). 이 스토리텔링의 장식적 구성요소는 일종의 영화적인 법정 텍스트를 만드는 기술적 장치이기도 하다(아래 (2)).

(1) 스토리텔링의 미학적 차원을 높이는 수사

특히 적절한 수사는 법관이 그 수사가 암시하는 사태가 과거에 존재한 진실이라는 상상을 하도록 부추긴다. 반대로 적절하지 못한 수사는 그 반대의 기능을 한다. 예컨대 변호인의 지나치게 현란한 언어는 그가 진실에서 멀리 떨어져 있다는 이미지를 불러 일으켜, 그의 진술에 가치를 두지 않게 만든다. 반면에 어눌하지만 한 두 마디의 진솔한 수사학적 진술은 법관으로 하여금 그 수사학이 펼치는 세계 속으로 들어가 과거에 존재한 사건을 구성하게 만들 수 있다.

가령 강간범을 살해한 여성에게 유기징역을 선고한다고 할 때 몇 년의 형이 그녀가 저지른 범행에 딱 맞는, 바꿔 말해 책임에 상응하는 것인지를 판단하는 것은 또 다른 차원의 사건을 구성하는 일이다. 이를테면 여기에 5년의 징역이 적당한 범죄사건이 있었다고 인정하는 것이다. 이때 5년이 적당한 범죄사건을 양형사안이라고 부를 수 있다. 이 양형사안의 구성에서 피고인이 한 수사, 떨리면서도 호소력 깊은 수사, “나는 짐승을 죽였습니다”는 법관으로 하여금 그녀의 범행은 — 범행동기, 행위의 위급한 상황정도, 피살자의 공격의 난폭성 정도 등등 남김없이 밝혀지지 않는 진실발견의 한계 속에서 — 3년의 징역과 집행유예만으로 상쇄시킬 수 있는 범죄사건이 있었을 뿐이라는 상상을 하게 만들 수 있다.

이처럼 법정수사는 법관으로 하여금 어떤 특정 스토리텔링의 세계 속으로 들어가게 만든다. 자기보다 나이가 어린 법관에게 "존경하옵는 재판장님"이란 수사를 사용하는 변호인은 법관이 자신이 '텔링'하는 피고인의 '스토리' 속으로 들어오도록 유인하는 기능을 한다. 만일 "지식과 권한이 많으신 재판장님"이라는 수사를 했다면 그의 변호는 험난한 길을 걸어가야 할 것이다.

(2) 법정수사의 목표로서 영화적 텍스트의 생산

그런데 법정에서 다양한 수사를 통해 사건을 말하는 행위, 즉 스토리텔링은 일종의 영화적인 법정텍스트(cinematic trial court text)[15]를 만드는 과정이다. 영화적인 텍스트란 당사자들이 텔링하는 스토리를 법관(또는 국민참여재판에서는 배심원들)이 듣는 것이 마치 — 『사건 25시』나 『경찰청 사람들』과 같은 TV프로에 등장하는 사건소개의 — 영상물을 보는 것과 같은 효과가 있게 하는 이미지의 연쇄적 복합체를 말한다. 이때 법관은 스토리의 독자이면서 영상물의 시청자, 줄여서 말하면 '시청자적인 독자'의 지위에 놓인다. 시청자적인 독자 앞에 펼쳐지는 영화적인 텍스트는 완벽하게 정합적인 장면의 연속물이 되기 어렵다. 장면들 사이에는 언제나 틈새(gaps)가 벌어진다. 이 틈새는 라캉의 정신분석적 기호학의 관점에서 보면 시청자적 독자가 그들의 욕망을

15) 라캉의 정신분석적 기호학을 재판에 응용하여 만든 이 개념에 대해서는 Dragan Milovanovic, "The Literal, Cinematic, and Trial Court Text: Reality TV Policing, Detective Fiction, Trials, and the Spoken Subject", *Critical Criminology at the Edge* (Praeger, 2002), 157~178 (이상돈/이소영/민윤영/정채연, *문헌연구 포스트모더니즘과 법* (세창출판사, 2006), 169~178쪽에 실린 이 논문의 요약과 비평) 참조. 이 단락의 기본착상은 Milovanovic의 글에 기초하고 있다.

집어넣어 봉합(suture)하게 된다.

(가) 유죄의 봉합과 기호적 욕망충족　　가령 재판에 임하기 전에 심층심리적인 살인충동이 과도하게 억압된 배심원은 검사가 수사로 수집된 증거로써 만드는 영화적인 텍스트가 정합성을 잃고 있음에도 불구하고 스스로 그 텍스트에 등장하는 주인공(피고인)을 자신과 동일시하면서 살인욕망을 충족시키는 방향으로 시청한다. 이런 시청은 일종의 심미적 체험이다. 추함을 즐기는 체험이며, 이런 체험은 피고인에게 사회악의 기표가 되는 범죄자의 이미지를 생성시킨다. 이런 생성은 바로 검사의 목표이기도 하다. 즉 검사는 피고인에게 범죄자의 스테레오타입을 지닌 이미지를 은유와 환유의 수사학을 통해 덮어씌우는 것이다. 그러나 이때의 기표(signifier)는 사안의 진실을 드러내지 않고, 시청자적 독자인 법관 또는 배심원들(그리고 검사)의 욕망을 충족시켜줄 뿐이다. 이런 충족과 함께 영화적인 텍스트는 종결이 있는[16] 스토리가 된다.

(나) 무죄의 봉합과 무질서 창출　　무죄가 되기 위해서 피고인은 이와 같이 영화적인 텍스트가 시청자적 독자의 추한 심미적 체험에 터 잡은 욕망에 의해 봉합되는 것을 차단하고, 그 텍스트를 역동적이고 개방적인 텍스트로 만들어 나아가야 한다. 즉, 영

16) 그렇게 때문에 『사건 25시』 같은 프로에서 수사기관의 진술과 수사정보만으로 구성한 사건내용의 TV보도는 방송예고편이 나가자마자 피의자로 지목된 사람이 자수할 수밖에 없을 만큼의 결정력을 갖는다. 여기서 사건의 영화적 텍스트는 그 텍스트를 만드는 사람들의 관점을 관철시키는 종결적인 이야기가 되기 쉬움을 알 수 있다. 이런 영상물의 법치국가적 문제점에 관해서는 이상돈, 형*사소송법 사안풀이와 법치국가* (태진출판사, 1995), 85～103쪽.

화적인 텍스트의 기의(signified)는 결정될 수 없음을 밝혀야 한다. 피고인 측의 수사는 바로 이 점을 목표로 한다. 특히 변호인은 시청자적 독자의 다른 욕망, 즉 속죄양의 억울함으로부터 해방되고 픈 욕망이 검사가 만드는 영화적인 텍스트의 틈새를 봉합하도록 하는 은유와 환유의 수사학을 전개해야 한다. 변호인의 이런 수사학은 그것 스스로 피고인은 무죄라는 확신이 드는 영화적인 텍스트를 만들 필요는 없다. 또 그렇게 할 수 있는 충분한 방어기회가 소송에서 주어지지도 않는다. 변호인의 수사학은 오직 검사의 영화적인 텍스트에 '의심스러울 때에는 피고인에게 유리하게'(in dubio pro reo)-원칙이 적용될 수 있을 만큼의 무질서를 초래하기만 하면 된다. 이 무질서는, 검사와 피고인 측이 행한 영화적 텍스트의 차이가 그 텍스트의 기의들에 대한 새로운 해석과 연결을 통해 잠정적이나마 필연적이면서도 우연적으로 통일적 상징을 지닌 영화적 텍스트로 재구성되지 않는 한, 피고인을 무죄로 평결하게 만든다. 이때 영화적 텍스트의 재구성은 Laclau의 이론에서 보면 (검사와 피고인 측의) 은유와 환유가 수행하는 서로 다른 적대(antagonism)들을 다시 결합하고 연결하는[17] '등가성의 연쇄[18]'가 창출되는 것을 말한다.

---

17) 이에 관해 Ernesto Laclau, "Metaphor and Social Antagonism", C. Nelson/L. Grossberg (편), *Marxism and the Interpretation of Culture* (University of Illinois Press, 1988), 256쪽. Laclau는 기표는 주어진 의미가 애당초 없는 것이고, 초월적 기의에 도달하는 것은 궁극적으로 불가능하다고 본다. 하지만 은유가 수행하는 모든 사회적 적대는 차별적인 위치성을 붕괴시키는데, 차이의 균열은 각 기표가 갖는 다양한 의미가능성이 접합점을 찾아 연결됨으로써, 즉 등가성의 연쇄에 의해 메워질 수 있다고 본다.

18) 이 개념에 관해서는 이상돈/이소영, "법문학비평의 개념, 방법, 이론, 실천", (안암법학, 통권 제25(상권), 2007), 419~421쪽 참조. 이 등가성의 연쇄라는 관계는 차이를 제거하지 않는다는 점을 전제로 한다. 차이가 제거된다면 그건 단일한 정체성이 되어 버리기 때문이다. 이 점에 대한 강조는 Ernesto

[치료적 사법의 전제조건으로서 스토리텔링] 하지만 재판이 치료기능을 수행할 수 있어야 한다면 피고인은 유죄의 봉합과 무죄의 봉합이 충분히 경쟁을 펼칠 수 있는 스토리텔링의 공간이 소송에서 충분히 넓게 보장되어야 한다.[19] 스토리텔링이란 이야기를 통해 병든 자아를 다시 회복시키고, 다른 사람들과 공동체와의 관계를 회복시키는 방편이기 때문이다.[20] 유죄의 봉합을 행하는 영화적인 텍스트 만들기가 소송을 지배한다면 피고인이 진범이더라도 그가 범죄의 병에 이르게 된 삶의 경험사를 비판적으로 — 즉 피해자의 입장에 서서 자기성찰적인 변화를 이끌어낼 수 있도록 — 이해할 수 있는 가능성은 사라진다. 치료적 사법의 가능성은 법정의 어떤 구석에서도 자리 잡을 수 없게 된다.

(다) 이미지 창출방법으로서 은유와 환유의 수사학 은유(隱喩 metaphor)와 환유(換喩 metonymy)는 법정 수사학의 핵심이 된다. 예컨대 "피고인의 강간이 그녀의 인생에서 모든 것을 모조리 빼앗아 갔습니다. 그의 범행은 마치 AIDS의 전파행위와 같은 것입니다"라고 검사가 최후진술을 했다고 가정해보자. 이는 피고인이 피해여성의 모든 것을 빼앗아 간 사람을 실제로 지칭하는 게

Laclau와 함께 포스트마르크스주의자로 분류되는 Chantal Mouffe, "Feminists Theorize the Political", Judith Butler/Joan W. Scott (편), *Feminism, Citizenship and Radical Democratic Politics* (Routledge, 1992), 369~384쪽 참조.

19) 치료사법, 특히 문제해결법정(Problem-Solving Court)의 기본전제는 절차정의이고 "법정에서 피고인이나 기타 당사자들이 충분히 자신의 목소리를 개진할 기회를 가지고, 자신의 입장이 판사에 의해 진지하게 받아들여진다는 느낌을 가"져야 한다는 목소리로 박광배, "치료사법의 개념과 현황", *사법* (창간호, 2007), 135~161쪽, 특히 141쪽 참조.

20) 바로 그렇기 때문에 story가 narrative(의 분석)로 축소되면 스토리텔링의 목적인 관계 만들기(relationship building)를 잃어버린다고 경고하는 Arthur w. Frank, "The Standpoint of Storyteller", *Qualitative Health Research* (Vol. 20, No. 3, May 2000), 354~355쪽(이상돈/이소영/민윤영/정채연, *문헌연구 포스트모더니즘과 법* (세창출판사, 2006), 43~44쪽).

아니라 피고인에게 '모든 것을 빼앗아가는 그 무엇'(예컨대 AIDS 감염이나 회복 불가능한 질병상태)과 유사하다는 이미지를 덧씌운다. 이처럼 은유는 개별자(피고인)에서 보편자(인생의 모든 것을 앗아가는 그 무엇)로 동일화해가는 일반화의 비유이다. 이에 비해 환유는 이와는 정반대로 보편자의 특성을 통하여 개별자를 확인해가는 일반화의 비유이다. 예컨대 "피고인은 '꽃뱀'에게 걸려 든 피해자입니다"라고 변호인이 최후변론에서 진술했다고 가정해보자. 꽃뱀은 강간당한 여성이 아니라 스스로 유혹하여 화간을 하는 여성의 보편적 특성을 떠올리게 한다. 이 수사는 피고인이 정말로 꽃뱀(꽃무늬의 뱀)에 물렸음을 가리키는 것이 아니라, 그것의 보편적 특성과 특정한 사람(증인) 사이의 인접성을 지적함으로써 피해여성에게 오히려 가해자의 이미지를 덧씌우고, 반사적으로 피고인에게 피해자의 이미지를 덧씌운다.[21]

3. 심미적 체험의 중심이 되는 시각성

(1) 충격효과

영화적인 텍스트의 설명에서 보았듯이 마당적 이해의 미학적 요소의 하나로서 시각성(visuality)은 법정에서 일어나는 아름다움과 추함의 체험에서 중심을 차지한다. 그것은 무엇보다도 시각성이 갖는 충격효과 때문이다. 가령 한 포털사이트에 유명가수가 사생활에서 그의 숨겨진 애인과 키스하는 동영상이 게재되었다고 하자. 포털사이트에 이를 올린 사람에 대한 명예훼손사건의 법정에서 그 동영상의 장면을 스크린으로 확대하여 보여주는 방식으

21) 이와 같은 은유와 환유의 설명으로 이상돈/이소영/민윤영/정채연, *문헌연구 포스트모더니즘과 법* (세창출판사, 2006), 177~178쪽 참조.

로 증거조사 된다면, 법관은 그 가수의 피해를 매우 큰 것으로 인지하기 쉽다. 또 다른 예로 성폭력범죄의 재판에서 피해여성이 얼굴에 피멍이 든 모습으로 진술하는 모습이 역시 영상으로 법정에 증거조사되었다고 하자, 그런 시각성은 법관으로 하여금 피고인의 유죄에 대한 심증, 그것도 중죄라는 심증을 형성하게 만들 수 있다. 이는 모두 시각성은 다른 감각보다 법관의 인지과정에 상대적으로 큰 충격을 주는 힘을 갖고 있는데서 비롯된다. 게다가 이 시각성은 꼭 영화적인 텍스트 속에서가 아니더라도 재판에 강한 영향을 미친다.

(2) 시각적 스테레오타입

둘째, 시각성은 유・무죄의 향방을 좌우할 수 있다. 미국의 배심재판에서 금발의 백인 미녀는 웬만하면 무죄이고, 검은 곱슬머리의 흑인남성은 유죄의 덫에서 빠져나오기 어렵다는 점은 시각적 아름다움이 마당적 이해를 얼마나 좌우하는지를 웅변적으로 말해준다.

> 예컨대 미국의 판결연구회(the Sentencing Project Research and Advocacy for Reform)의 분석에 의하면[22] '일생에 걸쳐 감옥에 갈 가능성이 있는 경우 가운데 실제로 감옥에 가는 경우가 흑인 남성의 경우는 3번 중 1번꼴인 반면, 백인 남성은 17번 중 1번꼴이다. 특히 20대의 흑인 남성의 경우 8명 중 1명이 감옥에 가 있다. 또한 이런 인종적 편향은 마약사범에서도 나타난다. 미국사회에서 마약사범 중 4분의 3이 유색인종이다. 그러나 이는 사회내 마약복용자의 실제비율과는 거리가 있는 것이다.
> 이와 비슷한 연구로 "인종신념에 의해 만들어진 거짓기억"의 결과

22) www.sentencingproject.org/issues_07.ctm 참조.

> 를 들 수 있다. 예컨대 유럽계 미국인과 아프리카계 미국인의 다양한 남성 이름을 제시하고, 피실험자들에게 그들이 제시된 이름을 기억할 지도 모르며, 그 이름 중 일부는 범죄자의 이름임을 암시해 주었고 아울러 피실험자들은 몇몇 이름을 미디어에서 접하기도 한 상태에서 각각 제시된 이름을 범죄자의 것과 비범죄자의 것으로 분류하도록 한 실험에서 범죄자의 이름으로 흑인의 이름이 백인의 이름보다 1.7배나 많이 선택되었다.[23)]

죄수복을 입은 피고인의 이미지는 유죄추정을 부추기는 반면, 진청색의 정장과 넥타이를 한 피고인의 이미지는 무죄추정원칙을 환기시키기 쉽다. 시각은 시·공간 속에서의 체험이다. 그렇기에 법정공간에서 피고인이 법관 맞은편에 앉지 않고, 변호인과 나란히 그리고 검사의 자리와 일렬로 배치된 자리에 앉을 경우에, 정장을 한 피고인의 인상은 방청석에 자리한 시민과 똑같은 정상인임을 일깨워준다. 이런 현상을 두고 시각적 스테레오타입(stereotype)이라고 할 수 있다. 이는 시각적 체험과 (편견적인) 고정관념이 결합된 형태이다. 이를 다음 쪽의 그림에서 분석해본다.

일반적으로는 무엇에 대한 ① 인지가 있고 난 후에 그것을 ② 기억하고, 그 기억을 바탕을 ③ 믿음을 형성하며, 그로부터 ④ 고정관념이 파생된다(①→②→③→④)고 생각하기 쉽다. 그러나 현실은 정반대이다. 즉 스테레오타입은 일종의 ④ 편견과 같은 기능을 한다. 즉 편견은 ③ 믿음(신념)을 낳고, 믿음은 ② 기억을 낳으며, 기억은 다시 ① 인지를 낳게 됨을 의미한다(④→

---

23) Mahzarin R. Banali/R. Bhaskar, "Implicit Stereotypes and Memory: The Bounded Rationality of Social Beliefs", Daniel Schacter/Elaine Scarry (편), *Memory, Brain and Belief* (Harvard University Press, 2000), 150~151쪽.

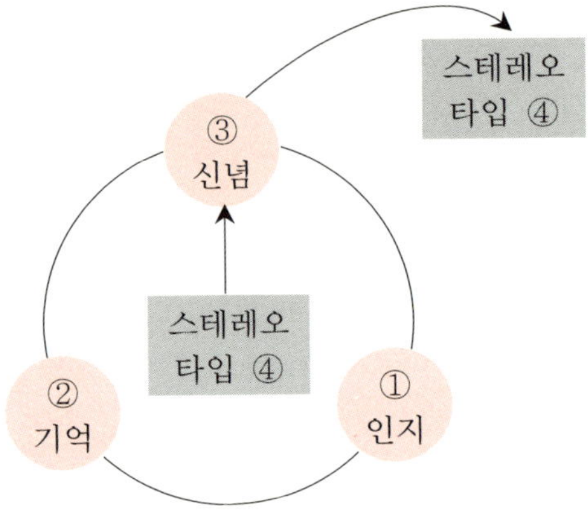

③→②→①). 그러니까 가난한 흑인 남성은 범죄자이기 쉽다는 스테레오타입이 증인에게 생성되어 있다면, 그 증인에게는 피고인이 범죄자라는 믿음이 생기기 쉽고, 그 믿음은 때로는 마치 자신이 목격하지 않은 장면도 자신이 목격한 것 같은 기억을 가질 수 있으며, 그런 기억은 피고인이 범행을 범했다는 인식으로 이끌어주기 쉽다.

(3) 보여주지 않은 것의 은폐

셋째, 시각성은 보이는 것들을 보여줄 뿐만 아니라 보여주지 않은 것들을 적극적으로 감춰버릴 수 있다. 피의자의 진술을 녹화한 영상물이 피의자의 자백을 담고 있다고 하자. 그 영상은 시각적으로 피고인이 유죄임을 선명하게 보여주지만, 이것은 자백 진술이 다른 맥락에서 이루어졌을 가능성을 덮어둔 가운데 이루어진다. 영상물의 기술적 조작은 언제나 — 설령 녹화를 진술의 처음부터 끝까지 중단하지 않고 한 경우에도 — 진술의 상황과 맥락을 자유자재로 편집할 수 있다. 면대면 대화에서 행하는 거짓말도 그런 편집을 하는 것이긴 하지만, 영상의 특수성은 그런 편집의 가능성을 보는 이로 하여금 쉽게 잊어버리게 한다는 점에 있다. 가령 성폭력피해 아이의 엄마가 남편을 처벌하기 위해 그 아이에게 그 아이의 체험을 해석해주고, 언어적 표현을 선택·훈련시켜주고, 진술하게 한 다음 그 영상녹화물을 법정에서 틀어 증거조사한다고 가정하자. 영상은 성폭력행위에 대한 법관의 상상을 촉발시키는 반면, 엄마가 아이의 진술을 프로모션한 점은 완전히 덮어지게 된다. 엄마의 프로모션이 진실과 부합하는 것이든, 아니면 엄마의 피해의식과 복수의식을 투영한 결과이든 보여주지 않은 것을 적극적으로 덮어놓고, 바로 그런 덮음에 의해 보여주는 것의 의미가 형성되는 것이다.

Ⅳ. 법정미학의 제도적 차원

법정미학은 사실인정의 제도적 차원에서도 찾아볼 수 있다. 재판제도와 그에 관련된 법정책에도 미학적 차원이 있다.

1. 재판제도

가령 유죄선고를 위한 통과의례가 되어 버린 조서재판이 직권주의 형사소송의 매우 일그러진 모습이라면, 인종적 편견에 얼룩지고, 피고인의 재력에 의해 유·무죄가 좌우되는 배심재판은 당사자주의 형사소송의 일그러진 모습이다. 앞의 경우는 구술성(orality)이 열어주는 미학적 지평이 거세된 결과라면, 뒤의 경우는 글(조서)이라는 형식이 구축해주는 안정성과 정확성이 지나치게 위축된 결과이다. 양자의 단점을 지양하고, 각자의 장점을 종합하는 재판이 쉴러(Schiller)가 "인간의 미적 교육에 관한 편지"(Briefe Über die ästhetische Erziehung des Menschen)[24]에서 말한 소재충동(Stofftrieb)과 형식충동(Formtrieb)의 합일상태에 해당할 것이다. 이는 이성과 감성, 논리와 아름다움, 절제와 충동의 조화를 의미한다. 조서재판에서는 형식충동이 소재충동을 지배한 것이고, 배심재판에서는 소재충동이 형식충동을 지배한 것이 된다.[25] 그러므로 조서의 증거사용을 전면 배제해서 미학적 차원만을 키우거나 구술성을 축약함으로써 논리적 차원만을 키우거나 하는 것은 공정한 재판이 되기 어렵다. 피고인의 법정진술뿐만 아니라 피의자신문조서도 법정에서 증거로 사용할 수 있게 하는 제도가 사법정의를 위해 요구된다.

2. 법정미학의 정책적 차원

재판에서 논리적 차원과 미학적 차원의 조화, 형식충동과 소재충동의 조화는 법제도에 관한 정책의 차원에서도 요구된다. 형사소송의 예를 들면 피고인의 권리와 참여기회를 보장하는 "보호형식"(schützende Formen)[26]은 쉴러가 말하는 형식충동의 표현

---

24) 이는 쉴러가 칸트와 미학과 프랑스혁명에 관해 논쟁하면서 보낸 27편의 편지(1798~1795)를 말한다.

25) 가령 Pauly는 언론이, 이른바 알권리라는 민주주의 원칙의 이름 아래, 적대적인 태도로 묘사한 피고인들에게 공정한 재판이 불가능하게 되는 것은 형식충동에 대한 소재충동의 우위이며, 그런 우위의 결여는 인간성의 결핍이라고 비판한다(Herta Pauly, "Aesthetic Decadence Today Viewed in Terms of Schiller's Three Impulses", *The Journal of Aesthetics and Art Criticism* (Vol. 31, No. 3, Spring 1973), 369쪽 참조).

26) 이 용어는 Zachariae에게서 비롯된다. Zachariae, *Handbuch des deut-*

이다. 보호형식은 짜샤리에가 설정한 개념이지만 오늘날 형사소송의 중요한 법원칙들, 예컨대 기소법정주의, 직접주의, 재판공개원칙, 집중심리주의, 증거능력제한(자백배제법칙, 자백보강법칙, 위법수집증거배제법칙, 전문법칙 등), 불이익변경금지원칙 등으로 확장되었다고 볼 수 있다. 이런 보호형식은 범죄에 대한 시민들의 처벌욕구, 즉 처벌의 감정적 요청과 충돌하기 쉽다. 가령 개인이 위법하게 도청하여 얻어낸 전화통화내용을 증거로 사용하면 강력범죄사건의 피고인을 처벌할 수 있게 되는 경우를 가정하자. 이때 위법수집증거배제법칙을 배제하고 증거로 사용하여 피고인을 처벌한다면, 소재충동이 형식충동을 지배하게 되는 것이고, 거꾸로 증거로 사용하지 않아 피고인을 처벌하지 못하게 된다면, 형식충동이 소재충동을 지배하는 셈이 된다. 그러나 양자는 비양립의 택일적 관계에 놓이는 것은 아니다. 위법수집증거배제법칙을 수사기관의 위법증거수집에만 적용하지 않고, 기본권의 효력범위를 합리적인 이익형량을 통하여 정형화하고, 그 효력범위를 침해하지 않는 개인의 위법행위에 의해 수집된 증거는 증거로 사용하는 방식으로 소재충동과 형식충동은 조화를 이루게 할 수 있다. 그런 해석의 영역을 두고 법정미학의 정책적 차원이라고 부를 수 있다.

---

schen Strafprozesses (Bd.I, 1860), 144~147쪽 참조.

[6] 법아이콘학

I. 법아이콘학의 의미

1. 법에서 아이콘의 개념과 특성

아이콘(icon)은 교회의 역사에서 보면 성인(聖人)의 화상(畵像)이나 조각상을 가리켰지만, 오늘날에는 컴퓨터 스크린에 있는 프로그램이나 파일을 나타내는 작은 상징이나 특별한 생각이나 라이프스타일의 상징이 되는 유명한 사람이나 물건을 의미한다. 법에 관련된 아이콘은 법의 신성성을 머금고 있으면서 법에 관한 특별한 생각이나 법의 현존방식의 상징 또는 그런 상징이 되는 그림이나 조각상(예: 유스티치아) 또는 그 밖의 물건(예: 법망치, 법복)이나 사람(예: 만델라)을 가리킨다. 물론 음악(곡)의 모

티브들도 때로는 법의 아이콘이 될 수 있다.[1)]

이때 아이콘은 흔히 이미지로 인식된다. 사실상 동의어로도 사용된다. 아이콘도 대상에 관한 전형적 상징이라는 점과 그런 상징이 형상화되고 있다는 점에서 이미지와 같다. 그러나 아이콘은 단순히 이미지의 또 다른 명칭이 될 수는 없다. 아이콘은 비유적으로 표현하면 수많은 이미지의 압축화일과 같은 것이다. 즉 아이콘은 역사적으로 형성된, 또는 형성될 수 있는 다양한 이미지가 퇴적된 형상이라는 점에서 이미지와 구별되어야 한다. 그러므로 아이콘을 이미지로 사용하려면 먼저 아이콘의 이미지 압축을 풀어야 하는 것이다.

바로 이 압축풀기 때문에 법에서 아이콘은 이미지와 다른 차원과 다른 기능방식을 가질 수 있게 된다. 압축풀기는 고도의 창조성(아래 Ⅱ)을 띠게 되고, 이미지의 변화를 넘어서 변신(metamorphosis)이 펼쳐질 수 있게 되며, 법에 관한 무의식의 형성에 작동하기도 한다. 그렇기 때문에 모든 시대의 법체계가 나름대로 아이콘의 정교한 관리를 통하여 체제에 위협이 되는 요소를 극복하는 방어능력과 방어기제를 만들어냄으로써 자기를 지속적으로 재생산했다고 볼 수 있다.

2. 법아이콘학의 구조

정의의 여신상은 그와 같은 자기재생산의 가장 대표적인 아이콘이다. 아래에서도 정의의 여신상이 이제 막 신생아 같은 법아이콘학(legal iconography)을 묘사하고, 미래를 기획하는 데

1) Desmond Manderson/David Caudill, "Modes of Law: Musical and Legal Theory—An Interdisciplinary Workshop Introduction", *Cardozo Law Review* (Vol. 20, 1999), 1328쪽.

중심소재로 사용될 것이다. 예를 들어 또한 정의의 여신상에서 눈가리개와 같은 맹목성의 기호는 압축적인 상징의 의미, 즉 이미지를 갖는다. 이미지는 비당파성(Unparteilichkeit)같은 도덕적 가치를 저장한 이미지이다. 아이콘의 역사적인 지속과 재생산은 그런 상징의 의미를 현실에 관철시킬 수 있는 잠재력, 즉 정치적인 성격의 '미학적 힘'을 생성시킬 수 있다. 이 힘은 아이콘의 상징적 의미(비당파성)가 사람들의 '무의식' 속에 침전됨으로써 발생하게 되는 힘이다(아래 Ⅲ 단락). 그래서 아이콘의 힘은 무의식의 힘이라고 부를 수도 있겠다. 그리고 이 힘은 아이콘이 갖는 상징의 의미를 장차 법으로 담아낼 경우에 그 법의 실효성으로 발전하게 될 잠재태이기도 하다.

이처럼 미학적 힘이 역사적으로 생성되면, 사람들은 그 아이콘에 대해 마치 관성의 힘에 끌린 듯, (무의식의 차원에서가 아니라 의식의 차원에서) 계속적으로 미학적인 체험을 하게 된다. 사람들은 정의의 여신상에서 눈가리개는 아름다운 것이며, 또한 그 눈가리개의 도덕적 의미(비당파성)도 가치 있는 것이라는 체험을 지속할 수 있다.

이 체험의 보편화는 그 아이콘의 상징이 갖는 의미를 법으로 변화시키는 민주적인 입법의 기반이 된다. 즉 미학적 체험의 보편화는 아이콘의 상징적 의미 속에, 바꿔 말해 이미지에 저장된 도덕적 가치를 법이 수용할 수밖에 없게 만든다. 눈가리개의 이미지에 저장된 비당파성이라는 도덕적 가치를 수용한 법은 그 이미지의 힘에 영향을 받아 눈가리개를 아름답다고 느끼는 사람들에 의해 지지될 수 있다. 거꾸로 법의 실효성을 뒷받침하는 미학적 체험의 보편화는 눈가리개를 한 정의의 여신상에 대해서 미학적 가치를 생성시킬 수 있다. 비당파적인 법의 힘으로 그런 도덕적 가치를 구현하는 조형도 아름답다고 느끼게 되는 것이다. 이는 법적 정의에 내재한 미학적 가치가 발현된 것이라 할 수 있다.

법아이콘학은 이런 구조의 흐름[아이콘에서 풀어낸 이미지(상징)→무의식에 끼치는 정치적 '힘'→미학적 체험의 보편화→법제화→도덕적 가치의 미학적 가치성]을 단순히 좇아가고 서술하는 기록학이 아니다. 특정 아이콘에서 전승된 이미지와는 다른 이미지를 창조해내면, 완전히 정반대의 정치적 힘이 생성될 수 있고, 법제도를 변혁할 수 있으며, 심지어 심미적 기준과 가치도 바꾸어 놓을 수 있다(아래 Ⅳ 단락). 법아이콘학은 그런 가능성을 탐구하는 학문이기도 하다.

Ⅱ. 법아이콘학의 창조성

미술사학자 James Elkins는 말한다. "보는 것은 보이는 것을 변경하며 보는 사람을 변환시킨다. 보는 것은 기계적인 과정이 아니라 변신(metamorphosis)이다."[2] 이 말은 세 가지 차원의 의미를 갖는다.

1. 아이콘의 해석학적 의미구성

첫째는 해석학적 의미구성의 차원이다. 보는 것은 해석학적

---

2) James Elkins, *The Object Stares Back: On the Nature of Seeing* (Simon & Schuster, 1996), 11~12쪽;

(hermeneutisch)으로 말하면 볼 수 있는 선지식(Vorkenntnisse)의 작용 하에 아는 만큼 그리고 아는 대로 보이게 만든 것이다. 이렇게 보이는 것이 존재하는 것의 전부가 아니라면, 본다는 것은 보는 자의 해석학적 지식에 따라 보이는 것의 모습을 '구성'한다고 말할 수 있다.

예컨대 유스티치아가 눈을 가리고 있는 모습은 "감각이라는 부패로부터의 자유"(freedom from corruption of the sense)[3]를 의미한다. 감각으로부터 자유롭다는 것은 법에 호소하는 사람에 대해 일어나는 감정적 동조와 반발 때문에 정의를 관철하지 못하게 되는 위험, 특정 개인의 고유한 특수성을 추상적인 제도의 논리보다 앞세우는 위험을 차단함[4]을 뜻한다고 볼 수 있다. 이것을 현대적 용어로 옮겨 보면 비당파성(impartiality, Unparteilli- chkeit)이라고 할 수 있다. 맹목성은 비당파성을 낳는 형식인 것이다.

이와 같이 비당파성으로서의 맹목성은 오늘날의 재판제도에서도 중요한 법원칙을 이루고 있다. 예컨대 법원에서 사건을 재판부에 배당할 때 어떤 규칙을 두는 것이 아니라 사건이 법원에 접수된 시간적 순서에 따라 여러 재판부에 기계적으로 배당하는 것은 사법행정에서는 법원칙이 된다. 이 법원칙은 우연성의 법칙이다. 이 우연성의 원칙으로 창출되지 않는 맹목성은 다시금 소송절차에서 법관의 제척·기피·회피라는 제도를 통해 이차적으

3) Mortin Loughlin, *The Iconography of Justice, Sword & Scale: An Examination of the Relationship between Law & Politics* (Mart Publishing, 2000), 58쪽.

4) Costas Douzinas/Lynda Nead, "Introduction", *Law and the Image: The Authority of Art and the Aesthetics of Law* (University of Chicago Press, 1999), 3쪽 참조.

로 마련되고, 이에 관해서는 사건배당과 달리 당사자가 소송법상 권리를 갖는다. 유스티치아의 눈가리개의 맹목성은 이와 같은 비당파성의 법원칙을 생산하는 상징이다.

이런 해석은 전승된 의미를 현대적으로 재생산하는 해석이라 할 수 있다. 유스티치아의 눈가리개를 비당파성으로 이해하는 것은 가다머(Gadammer)의 개념을 빌면 "전통의 영향사"(Wirkungsgeschichte)[5] 아래 있는 것이라고 말할 수 있다.

2. 아이콘의 암호풀기를 통한 변신

그러나 아이콘이 통상적인 상징적 기호들과 다른 점은 그 고도의 응축성에 의해 해석의 지평과 폭이 거의 무한대로 펼쳐질 수 있다는 점이다.

(1) 암호풀기의 성격

바로 그렇기 때문에 아이콘의 해석은 두 단계로 진행된다. 첫 번째 단계는 응축된 상징으로부터 다양한 이미지를 풀어내는 과정이다. 이 과정은 일종의 '정답이 없는' 암호풀기와 같다. 또한 이 과정은 압축파일의 압축풀기에 비유할 수 있다. 즉 아이콘은 다양한 그림의 파일들을 압축한 큰 용량의 파일을 풀어내는 것과 같다. 두 번째 단계는 아이콘의 암호를 풀어내어 만든 이미지로부터 법적 정의에 관한 구체적인 표상과 연결 짓는 과정이다. 이미지의 다양성은 아이콘의 암호풀기 단계에서 생성되고, 일단 어떤 이미지가 체험되고 나면 그 이미지와 연결되는 정의내용은 어느 정도 예측가능한 상관성을 유지한 채 표상된다. 예컨대 유

---

5) Hans-Georg Gadamer, *Wahrheit und Methode* (Tübingen, 1986), Teil II 참조.

스티치아의 저울에서 평형(equilibrium)의 이미지를 이끌어내고 나면 그 이미지와 연관되는 정의의 내용은 어느 정도 정형화될 수 있다. 그러나 그 저울에서 평형이 아니라 눈가리개를 했기 때문에 저울은 한쪽으로 기울 수밖에 없다는 이미지를 풀어낸다면, 저울은 차별과 불평등과 같은 부정의를 덮어버리는 법의 편파성 상징을 가리키게 된다. 이처럼 응축된 상징인 아이콘에서 이미지를 풀어내는 행위는 전혀 통제가 불가능하다.

이 암호풀기의 단계는 모든 해석자에게 공통된 '전통의 영향사'가 작용하지 않는다. 예컨대 식민지국가에 설치된 법원의 유스티치아는 '정의의 여신'이 아니라 '지배의 여왕'으로 이미지화될 수 있다. 이미지로부터 정의내용을 표상하는 단계에 전통의 영향사가 작동하는 데에 반하여, 아이콘에서 이미지를 풀어내는 단계에는 '전통이 전혀 다른' 사회의 역사들이 형성하는 다른 선이해의 지평들이 펼쳐질 수 있는 것이다.

(2) 변 신

이로부터 아이콘의 해석은 단지 그 상징에 전승된 의미를 새롭게 재생산하는 해석학적 창조를 넘어서 그 아이콘의 정체성을 이전과 다른 것으로서, 즉 생물학적인 변태에 상응하는 변신(metamorphosis)을 가져올 수 있게 된다. 이때의 변신은, 생물학적 변태, 이를 테면 해파리류에서 일어나는 〈플라눌라 → 폴립 → 스트로빌라 → 에피라 → 성체〉로의 변태가 부정적인 것이 아니라 개체의 발전인 것과 마찬가지로 부정적인 의미에서 말해지는 것은 아니다.

(가) **비당파성에서 관점교환으로의 변신** 가령 유스티치아의 눈가리개가 비당파성의 법원칙을 상징한다고 보는 것은 눈가리개라는 아이콘의 한 부분에서 직관적으로 인지되는 이미지의 의미를 로마시대로부터 근대법의 소송제도에 이르는 서구법의 전통 속에서 해석해낸 결과라고 할 수 있다. 그래서 눈가리개는 한편으로는 소송과정에서 획득하지 않은 정보를 배제하고, 공격과 방어의 기회가 평등하게 주어진 당사자들의 변론과정에서 획득한 정보만을 사용하는 근대적 재판제도를 의미할 수 있고, 행정권력으로부터 독립되어 있는 사법부를 의미할 수도 있다. 또한 눈가리개는 감각이라는 부패로부터의 자유를 의미함으로써 내면세계의 통찰력과 지혜를 가리킬 수 있는데,[6] 이는 우리나라 헌법 제103조(법관은 헌법과 법률에 의하여 그 양심에 따라 독립하여 심판한다)에서와 같이 양심에 따른 재판을 의미할 수 있고, 자유심증주의와 같은 소송법원칙(형사소송법 제308조, 민사소송법 제202조)을 가리킬 수도 있다. 더 나아가 눈가리개는 비당파성, 즉 실체법적으로는 법규범의 보편화가능성(Universalisierbar-keit)을, 소송법적으로는 어떤 당사자에게도 편을 들지 않는 원칙, 이를테면 변론주의나 처분권주의를 가리킬 수 있다. 이와 같은 아이콘 해석은 근대법적 전통에 머물러 있는 것이다. 특히 눈가리개가 의미하는 비당파성은 그 아이콘을 "자기절제(self-restraint)"[7]의 이미지로 풀어내는 것을 의미한다.

---

6) Mortin Loughlin, "The Iconography of Justice", *Sword & Scale: An Examination of the Relationship between Law & Politics* (Mart Publishing, 2000), 58쪽.

7) Mortin Loughlin, 앞의 논문, 59쪽.

그러나 오늘날의 사법현실에서 법관의 완벽한 자기절제는 정의를 보증해주지 못한다. 소송당사자들 사이에 소송참여능력이 차이가 나고, 사안의 복잡성은 법관의 자기절제만으로 진실에 다가서기가 거의 불가능하기 때문이다. 그렇기에 눈가리개의 아이콘은 이를테면 '성찰적임'의 이미지로 풀어볼 수 있다. 성찰적(reflexive)이란 것은 소송당사자의 관점에 들어가 보고, 또한 두 당사자가 상대방의 관점을 서로 들어가 보게 하는 것, 즉 관점교환(Perspektivenwechsel)[8]을 가리킨다. 법관이 당사자의 관점에 들어가 보려면 예컨대 당사자에게 "사실상 또는 법률상 사항에 대하여 질문할 수 있고, 증명을 하도록 촉구할 수 있"(민사소송법 제136조)어야 한다. 또한 법관이 당사자들이 서로의 관점에 들어가 보게 하려면 예컨대 소송에서 당사자들에게 화해를 권고하는 결정(민사소송법 제225조)도 할 수 있어야 한다. 이처럼 눈가리개의 아이콘을 이미지화한다면, 유스티치아는 자기억제의 법관상으로부터 성찰적인 중재자상으로 변신을 하게 된다.

(나) 정의에서 인간됨으로의 변신 또 다른 예를 들어 보자 유스티치아가 흰색 옷을 입은 여성으로 묘사되는 것은 예컨대 판사가 여자인 경우가 거의 없던 시대에는 "현실에서 떨어진 정의"(justice removed from actuality)[9]를 암시한다. 그러니까 판사에게 탄원할 때 우리는 우리의 "불만을 구제하기 위한 도움을

8) 이 관점교환에 관해서 자세한 것은 Klaus Günther, *Der Sinn für Angemessenheit. Anwendungsdiskurse in Moral und Recht* (Suhrkamp, 1988), 114, 134, 211쪽 참조.

9) Dennis E, Curtis/Judith Resnik, "Images of Justice", *The Yale Law Journal* (Vol.96, No.8, 1987), 1765쪽.

동료 인간에게 호소하는 것이 아니라 정의의 물길이 통과해 들어갈 수 있는 어떤 순수한 매체에게 호소하는 것이다"[10] 그러나 오늘날의 서구사회처럼 여성이 법관의 절반을 훌쩍 넘어버린 시대에 유스티치아의 여성성은 그런 순수한 매체를 상징할 수 없다. 그렇다면 여성의 외모를 띤 유스티치아의 아이콘에서 — 특히 유니섹스의 시대, 동성애가 정상적 애정의 하나로 인권화되는 시대에는 더욱 더 — 여장남자, 또는 여성성이 내재된 남성의 이미지를 풀어낼 수도 있을 것이다. 이때 여장남자의 이미지는 '현실에서 떨어진 정의', 이를테면 실정법화되지 않은 소수자의 '인권'으로 해석될 수 있다. 이런 아이콘 해석은 유스티치아의 변신을 가져온다. 즉, 유스티치아는 더 이상 숭고한 형이상학적 이념이거나 존재론적으로 단일한 실체로서의 정의가 아니라 다양한 소수자들의 다성적인 목소리[11]에 깃든 인간됨의 화신이 되는 것이다.

3. 아이콘 해석의 양방향성

아이콘의 해석은 변신에 이르기도 하는 상징적 의미의 구성이라고 할 때 이 구성은 단지 아이콘에 대해서만 이루어지는 것이 아니라 아이콘의 해석자, 의미의 구성주체에 대해서도 작용한다.

(1) 아이콘 해석주체의 변화

즉 아이콘의 해석은 해석대상 뿐만 아니라 해석주체를 재구성하고, 때로는 변신을 겪게도 만드는 '양방향적'인 것이다. 바꿔

10) Mortin Loughlin, 앞의 논문, 58쪽.

11) 이에 관해서 이상돈, *인권법* (세창출판사, 2005), 164~168쪽; 이상돈/이소영, *법문학* (신영사, 2005), 285쪽 아래 참조.

말하면 변신은 단지 보이는 것(대상)에서만 일어나는 것이 아니라 보는 자에게도 일어난다. 왜냐하면 (아이콘을) 본다는 것은 해석하는 것이고, 이 해석은 해석자의 선이해와 인식관심을 펼치는 행위라고 할 때, 해석자는 그 행위를 통해 자기이해를 동시에 도모하는 것이고, 그 자기이해는 — 새로운 아이콘을 보거나 기존의 아이콘을 과거와는 달리 해석함으로써 — 자신을 이전과 다른 사람으로 변화시키기 때문이다.

그래서 아이콘에서 암호를 풀어내 형성한 이미지는 Elkins가 말하듯 "부식성이 있는(corrosive) 것이며, 내 안으로 터널을 내고, 현재의 나를 일부 녹여서 다른 모습으로 개조할 수 있는 잠재력을 가진 어떤 것"[12)]이 된다. Douzinas도 말하기를 "이미지는 관능적이고, 육감적이다. 그것은 자아의 불안정한 요소들에 말을 걸고, 감정에게 이야기하며, 무의식을 조직화한다. 이미지는 언어나 해석의 끼워 넣기나 간섭함이 없이 이성을 축약시키고(short-circuit reason), 영혼에 들어오는 힘을 갖고 있다"[13)]고 한다.

인간존재를 (칸트 Kant적인 의미의) 이성과 감성, (쉴러 Schiller적인 의미의) 형식과 소재, (프로이트 Freud적인 의미의) 타나토스와 에로스의 합일상태로 바라보자. 그러면 '현재의 나를 일부 녹인다'거나 '이성을 축약시킨다'는 것은 이성적으로 이해된 자기정체성, 자기존재의 형식을 일정한 정도로 절개해버린다는 것, 곧 그 존재의 차원을 죽음으로 향하게 하는 타나토스

12) James Elkins, *The Object Stares Back: On the Nature of Seeing* (Simon & Schuster, 1996), 42~43쪽.

13) Costas Douzinas/Lynda Nead (편), *Law and the Image* (The University of Chicago Press, 1999), 7쪽 참조.

(thanatos)의 작용이라고 볼 수 있다. 또한 '다른 모습으로 개조'하거나 '영혼에 들어간다'는 것은 그 절개된 이성적 차원을, 진실이라고 새롭게 인지되는 삶의 욕망들을 실현하는 삶의 형식에 의해 구성하는 것, 곧 새로운 삶을 생성시키는 에로스(eros)의 작용이라고 볼 수 있다.

(2) 법과 인간존재의 변화

아이콘의 이미지를 해독하는 과정이 이와 같다면, 아이콘에서 읽어내는 법은 이성과 감성, 형식과 소재, 타나토스와 에로스 사이에서 끊임없이 변화해가는 매체가 된다. 또한 그렇게 아이콘에서 법을 새롭게 읽는 해석자도 다른 자기정체성을 가지게 된다. 앞에서 말한 유스티치아의 여성상을 여성으로 보지 않고 남성으로 바라보는 해석은 남성에 내재한 여성성을 남성과 남성사회의 법이 새롭게 갖추어야 할 정의의 지표가 되게 한다. 그런 지표를 감성적으로 수용하는 자는 예컨대 이미 자신에게 문화적으로 전승된 가부장적 의식과 그 정체성을 버리고, 여성성과 남성성을 자유롭게 교환하고 소통시키는 인간성을 실현하는 존재로 거듭나게 된다. 그와 같은 아이콘의 새로운 암호해독은 법도 변화시킨다. 가령 여성성의 남성을 새로운 정의의 주체로 설정하게 되면, 예컨대 호모는 변태가 아니라 정상적인 인간성의 발현인 것이며, 동성간의 시민적 결합이나 결혼[14]을 승인하는 법이 정당화된다.

14) 동성애자들의 결혼권은 여성성의 남성이 가부장제 사회의 남성과 여성 사이의 성적 결합관계를 흉내 내고 은연중에 재생산한다는 점에서 이와 같은 유스티치아 아이콘의 새로운 해석과 일치되지는 않는다. 그러므로 동성애자들의 성적 결합을 사회적으로 승인해주기 위한 법개혁으로 불가피하다고 보이는 헌법의 개정은 동성애자들의 결혼권을 명문화하는 것이 아니라 '결혼하지 아니하였다는 이유로 차별받지 않는다'는 식의 규정을 만드는 방향으로 나아가야 한다. 이에 관해 이상돈, *기초법학* (법문사, 2008), [14]단락(전문화와

Ⅲ. 아이콘과 법무의식의 형성

1. 법무의식(法無意識)

법의식(Rechtsbewußtsein)이란 말은 오랜 세월 널리 사용되어 왔다. 법에 관한 사람들의 평균적인 이해, 법적 정의에 관련된 에토스, 준법의 자세(준법의식)나 그에 따른 법의 사회학적 효력에 대한 시민들의 신뢰수준 등등이 법의식의 개념 아래서 사용될 수 있다. 법의식이라는 개념에 비해 법무의식(Rechts-unbewußtsein, the unconscious of law)은 아직 개념의 단초조차 얻지 못했다. 법무의식의 개념화는 정신분석학과 법을 연결하는 학문(법정신분석학)에서 본격적으로 수행될 것이다. 법아이콘학도 법에 관한 무의식의 현상을 얼마간 자신의 분야로 끌어 들인다.

이것은 무엇보다도 법적 아이콘에서 체험하는 이미지(image)는 Legendre가 말하듯 '개인의 생물학적 차원, 사회적 차원 그리고 무의식의 차원(the unconscious dimension)을 연결'[15)]해주는데 기여하기 때문이다. 다시 말해 아이콘의 이미지를 구성하는 해석학적 창조작업은 법형성의 역사적 지평에 떠오르지 못하고,

---

법), Ⅱ.3.(2) 참조.

15) 이에 관해서 Pierre Legendre (Peter Goodrich/Alain Pottage (역), "Introduction to the Theory of the Image: Narcissus and the Other in the Mirror", (*Dieu au mirroir: Etude sur l'institution des images*) *Law and Critique* (Vol. 8, No. 1, 1997), 5쪽, 10~16쪽 참조. 다만 Legendre는 이런 무의식으로 진입시키는 기능을 아이콘에서 체험되는 이미지에 국한하지 않고 이미지 일반에서도 인정한다.

그 심연에 깔려 있었던 법에 관련된 욕망, 억압, 저항의 파토스들을 끄집어내어 사람들로 하여금 그에 관해 관심을 갖게 촉발시킨다.

> 이 점이 또한 법아이콘학과 법이미지학의 차이이기도 하다. 앞서 법이미지학은 이미지가 법의 형성과 변화에 어떻게 '직접' 관여하는 지를 다룬다면, 법아이콘학은 법의 상징을 해석함으로써 법의식이나 법무의식의 변화에 관여한다. 그래서 법이미지학은 아름다움의 법이라면 법아이콘학은 법의 아름다음에 속한다.

이를테면 음악은 다문화 전통의 다양성을 존중하는데, 다른 문화의 전형적인 음악적 모티브들을 일반적으로 다양하게 자주 접할 수 있다면, 법적 사고에서도 다양성이 증대되고, 문화적 차이를 존중하는 무의식이 생장할 수 있다.

2. 기하학적인 백색의 조형미

유스티치아의 아이콘은 우리나라에서도 종종 사용된다. 대법원의 홈페이지에 사용되는 아이콘도 유스티치아의 모습과 유사하다.

(1) 백색의 정의

서구의 전형적인 유스티치아 아이콘은 다양한 변형을 갖고 있지만, 런던의 올드베일리에 위치한 중앙형사법원의 지붕에 있는 조각상[16)]은 그 전형을 이룬다. 이 조각상은 그레코로만 양식의 옷을 입었고, 양팔을 벌린 채 오른손에는 수직으로 선 검을 들고, 왼손에는 저울을 들고 있으며, 눈가리개를 하고 있다.

16) 이에 관해 자세히는 Mortin Loughlin, "The Iconography of Justice", *Sword & Scale: An Examination of the Relationship between Law & Politics* (Mart Publishing, 2000), 55~63쪽 참조.

그런데 이러한 아이콘에는 백인우월주의의 무의식이 스며있다. Capers의 설명을 들어보자.[17] 1937년에서 1938년 사이에 화가 Stefan Hirsch는 에이켄(Aiken)에 있는 사우스 캐롤라이나주 연방법원의 신청사에 벽화를 그려달라는 의뢰를 받고 "수호자이자 복수자인 정의"(Justice as Protector and Avenger)라는 벽화를 그렸다. 그런데 이 벽화 가운데 중심인물의 하나로서 정의를 나타내는 여인이 인디안과 백인의 첫 혼열인이라는 뮬라토(mulatto)를 닮았다는 이유로 벽화를 철거하자는 캠페인이 벌어졌고, 2년이 지난 후 결국 벽화는 철거되었다. 이 사건을 두고 Capers는 서구의 법률역사에서 정의는 백인주의(whiteness)와 무의식적으로 연결되어 있었다고 해석한다. 정의를 상징하는 아이콘은 유스티치아처럼 백인이고 — 특히 흑인 남성의 입장에서는 (비록 여성도 법제도에 의해 희생되어 왔지만) — 여성이어야 하는 것이다.[18]

여기서 유스티치아라는 정의의 아이콘을 두고 백인들이 아예 그 피부색에 관심을 갖지 않는 무의식의 상태는 백인 중심의 미학적 정의 관념이 공적인 양심이나 공론영역을 지배하기 때문에 가능하다고 볼 수 있다. 그러므로 백인이 아닌 유색인종의 입장에서 유스티치아라는 아이콘을 즐겨 사용할수록, 자기도 모르는 새에 백인 중심의, 그러니까 하얀 피부색에 의해 미학적 정의를 받아들이게 되는 결과를 낳을 수 있게 된다. 이를 테면 교수인 Capers마저 자신의 백인 이웃집 부근을 산책하고 있는 모습을

17) I. Bennett Capers, "On Justitia, Race, Gender, and Blindness", *Michigan Journal of Race and Law* (Fall, 2006), 224쪽.

18) I. Bennett Capers, 앞의 논문, 228쪽.

순찰차의 경찰관이 보면 그들은 차를 서행하고 자신을 의심어린 눈으로 지켜보게 된다고 말한다.[19] 다시 말해 유스티치아는 백인 여성에는 정의의 이미지를, 흑인 남성에게는 부정의, 곧 범죄의 이미지를 무의식적으로 심어준다.

(2) 기하학적 조형미의 정의

유스티치아라는 정의의 아이콘이 갖는 백인 중심의 미학적 정의관은 피부색과 인종의 차원에서 뿐만 아니라 신체의 기하학적 조형미라는 차원에서도 같은 문제를 가질 수 있다. 예컨대 한국이나 일본 사회에서 유스티치아라는 아이콘을 사용한다고 하면, 그것은 한국인이나 일본인들에게 기하학적 조형미에 쏠린 미학적 정의의 관념을 무의식의 세계에 깊숙이 심어 놓을 수 있다. 유스티치아처럼 몸 전체의 길이가 머리의 8배율이고 하반신이 상반신보다 긴 8등신이라는 기하학적 조형미는 법무의식 속에서 정의를 구성하는 미학적 체험의 양식으로 자리 잡을 수 있다. 예컨대 우리나라 대법원의 홈페이지에 있는 대법원을 상징하는 아이콘[20]도 유스티치아와 유사한 형상인데, 이 아이콘을 확대하여 정밀하게 재보면 (목길이를 뺀) 머리는 전체 몸 길이의 8배이다. 이런 정의의 여신상을 나타내는 아이콘은 우리사회에서도 서구적인 것을 미학적 정의로 받아들이는 법무의식을 양생한다. 그런 법무의식이 성장할수록 8등신의 미녀가 6, 7등신의 여성보다 법위반을 이유로 제재를 받는 일이 적게 되는 현실이 전개될 수 있다.

이런 법무의식의 형성을 분석해내고, 그 이데올로기성을 비판

19) I.Bennett Capers, 앞의 논문, 231쪽.
20) http://www.scourt.go.kr 의 모든 페이지 상단의 아이콘.

하고 해체하는 대안적 이미지 형성을 할 수 있을 때, 법적 아이콘은 정의의 실현에 기여할 수 있게 된다. 이 점은 아이콘의 역사성과 진보성에서 좀 더 자세히 다루기로 한다.

Ⅳ. 아이콘의 역사성과 진보성

1. 아이콘 해석을 통한 역사의 진보

아이콘은 역사적으로 형성된다. 이 역사성을 나는 과거성과 미래성으로 풀어 설명하고자 한다.

(1) 의미퇴적으로서 아이콘의 역사성

가령 유스티치아는 역사적으로 다양한 이미지(imagery)를 축적하고 응축시키고 있다. 이를 테면 B.C. 2500년 이집트에서 태양신 라의 딸인 마트(Ma'at)라는 정의의 여신에 관한 이미지, 그녀가 죽은 뒤 마트의 사제로 알려진 42인의 재판관이 죽은 자를 심판할 때 그의 심장을 그의 모든 행위의 상징으로 보고 저울의 한쪽 접시에 달고, 반대편 접시에는 진실의 상징을 지닌 깃털을 올려놓아 그 기울기에 따라 구원(salvation)과 지옥행(damnation)을 결정하는 재판의 모습, 구약성서에 나오는 "만일 하나님이 나를 정직한 저울에 달아 보시면 나의 진실을 아실 것이다"(욥기 31:6)에서처럼 진실을 드러내는 저울의 이미지, 그리스 전설에서 올림포스의 '질서'를 유지하는 테미스(Themis)라는 정의의 여신, 그리고 정의가 분별력, 용기, 절제와 나란히 하는 4대 덕목의 하나로 자리 잡게 하고, 그것을 형상화하는 검을 저울

과 나란히 등장시킨 중세의 미술작품들과 같은 역사 속의 이미지들을 응축한다.21)

(2) 아이콘의 미래성으로서 역사성

이와 같이 아이콘은 역사 속에서 그때그때 새롭게 해석된 의미들이 퇴적한 의미의 다양한 층들을 갖고 있다. 그러므로 아이콘을 해석하는 것은 곧 그 의미의 퇴적층 속으로 들어가는 것이기도 하다. 하지만 그 퇴적층들은 서로 불연속적인 것일 수 있어서, 어떤 의미층으로 들어가 이미지를 풀어낼 것인지를 결정하는 과정을 지배하는 통일된 역사와 전통은 존재하지 않는다. 어떤 의미층으로 들어갈지는 오히려 해석자가 미래에 그 아이콘으로부터 어떤 이미지를 풀어내고자 하는가 하는 기획에 달려 있다. 또한 그런 미래적 기획에서 아이콘의 어떤 의미층에 들어가서 그 의미층을 형성시킨 역사의 지평을 미래적인 기획에 의해 재해석함으로써 해석자는 아이콘을 이해하는 현재적인 인식지평을 얻게 된다. 이런 점에서 아이콘의 역사성은 아이콘의 미래성이라고 할 수 있다. 다시 말해 아이콘이 아이콘일 수 있는 것은 그 속에 응축된 의미가 형성되는 (불연속적인) 과거의 역사진행이 있기 때문이지만, 그 응축된 의미를 해독하는 행위는 언제나 미래에 펼쳐지길 원하는 역사에 대한 기획에 이끌려진다는 것이다.

㈎ **법복아이콘의 미래성** 미래성으로서 아이콘의 역사성에 관한 예를 하나 보자. 검찰의 법복은 한편으로는 시민의 권익을

---

21) 이 문단의 설명은 주로 Mortin Loughlin, "The Iconography of Justice", *Sword & Scale: An Examination of the Relationship between Law & Politics* (Mart Publishing, 2000), 55~56쪽에서 요약 정리한 것임.

지켜주는 '권력'과 '진리'의 이미지를 응축하고 있지만, 다른 한편으로는 시민 위에 군림하는 그래서 시민들을 위한 권력행사를 할 것으로 신뢰하기 어렵게 만드는 '권위주의'와 사안정의를 살피지 않는 맹목적인 준법사상으로서의 '합법주의'(줄여서 권위적 합법주의 autoritärer Legalismus)의 이미지를 응축하고 있는 아이콘이라고 할 수 있다. 법복의 아이콘에 이렇게 — 분석에 따라서 더 많은 수도 가능하지만 — 크게 볼 때 두 개의 의미층이 퇴적된 것은 물론 검찰권력의 역사에서 비롯된다. 그런데 2005년 대검찰청은 탤런트 김태희를 명예검사로 위촉하여 검사의 법복을 입힌 바가 있다. 검찰은 "인간적이면서도 신뢰받는 검찰상"[22]의 이미지를 대변해줄 것으로 기대하였다. 검찰의 보도대로 법복에 그런 이미지를 응축시키려면 인격과 신뢰로 이름 높은 사람(예: 희생적인 자원봉사자, 존경받는 종교인)을 선택하는 것이 적절할 것인데, 왜 김태희 같이 세상 여자들의 부러움과 선망을 받는 예쁜 탤런트를 선택했을까? 김태희는 2000년대 들어와 우리나라에서 가장 아름다운 여성으로 손꼽힌다. 즉 김태희 자체가 아름다움의 아이콘인 것이다. 법복의 아이콘과 아름다움의 아이콘을 교차시킨 것은 법복아이콘에 응축된 권위적 합법주의라는 부정적인 이미지를 제거하고 아름다움의 이미지를 대신 입력시키는 미래적인 기획이다. 이것이 가능한 것은 권위적 합법주의는 '추한 것'이고, 이 추한 것의 카운터파트(counterpart)는 아름다운 김태희이지 인격과 신뢰가 높은 사람이 아니기 때문이다. 다시 말해 김태희에게 검찰의 법복을 입히는 행위는 법복의 아이콘에 응축된

22) 대검찰청은 2005.6.17. 탤런트 최수종 씨와 함께 김태희 씨를 명예검사로 위촉한 바 있다(대검찰청 보도자료 2005.6.16. 참조).

두 가지 이미지층 가운데 정당한 권력과 진실의 대변자라는 층을 선택하고, 그 층에서 그런 이미지가 형성된 검찰의 역사, 즉 단지 '이성적으로 올바른 법을 힘있게 관철하는 — 그리고 그 그림자로서 합법적 권위주의라는 부산물이 발생했던 — 직무수행'의 과거와 시민들의 느낌에서 볼 때 검찰의 직무수행이 '아름다운 일의 역사'로 기획되는 미래의 지평을 융합하는 것이다. 이는 아이콘의 역사성을 미래적 기획으로 재해석하는 것이다.

㈏ **무의 아이콘** 아이콘의 역사성이 미래적 기획이라는 또 다른 예를 Goodrich의 분석을 통해 알아보자. Goodrich의 분석에 의하면[23] 1530년대에서 1630년에 걸쳐 서양의 회화에는 인물 주변에 텅 빈 공간(예: 1567년 *Edward VI and the Pope*에 있는 사각형의 여러 빈 공간)이나 빈 액자 또는 백지상태의 문서(예: 예: 1574년 Cornelis Ketel이 그린 *A Man of the Wachendorff Family* 원형 초상화에서 인물이 손에 들고 있는 종이의 빈 공간, 1620년 Nathaniel Bacon경이 그린 자화상에서 그가 손에 들고 있는 종이의 빈 공간, 1546년 Elizabeth I when Princess 초상화에서 펼쳐진 책의 빈 공간)들이 상당수 그려져 있다고 한다. 이 빈 공간들은 아무 의미가 없는 것이 아니라 무의 아이콘(the iconography of nothing)이다. 즉 역사적으로 상징이 축적되어 있다. 그 상징은 대체로 권력과 그 이동에

23) 이하의 내용에서 그림에 대한 분석 부분은 Peter Goodrich, "The Iconography of Nothing: Blank Spaces and the Representation of Law in Edward VI and the Pope", Costas Douzinas/Lynda Nead (편), *Law and the Image: The Authority of Art and the Aesthetics of Law* (University of Chicago Press, 1999), 89~114쪽의 내용을 요약한 것임.

관계한다. 예컨대 교회법에서 세속법으로의 이동, 교황으로부터 왕으로의 이동 그리고 종교개혁자들의 우상파괴활동에 따른 권력의 변화에 관련되는 무수한 상징들이 당시의 역사적 맥락 속에서 빈 공간(blank space)이라는 아이콘으로 퇴적된 것이라 할 수 있다. 이런 역사성은 미래적 기획을 머금는다. Goodrich는 세 가지 점을 해석해낸다.[24] 첫째, 그림의 빈 공간(Tabula Picta)은 법학적으로 언어를 초월하는 자연의 법을 의미한다. 둘째, 빈 공간은 내적인 법(inner law), 즉 법원(法源)의 표현되거나 재현될 수 없는 성격을 내면화하는 신념이나 자비(caritas)를 상징한다. 셋째, 이 점이 내가 보기엔 특히 중요한데, 빈 공간은 주권과 권력의 정당성을 상징한다고 보는 것이다. 이때 빈 공간은 법과 권력을 낳는 원칙들이란 볼 수 없고, 정의내릴 수 없고 표현할 수 없는 성격을 가진다는 점을 상징한다. 정의가 빈 공간으로 상징화되는 것은 그렇게 함으로써 새로운 어떤 것, 부정의하지 않은 어떤 것이 상상될 수 있기 때문이다. 그래서 Goodrich는 가장 포스트모던적인 의미를 빈 공간의 아이콘에 다음과 같이 덧붙인다. "정의란 다른 것을 그의 단독성 속에서 인지하고 그것에 적정하게 반응하는 것이다. 그래서 정의는 법의 일시적인 유예를 필요로 한다…(중략)…여기서 빈 공간은…(중략)…앞으로 올 것을 위한 공간이며, 난해하고 인식할 수 없는 정의의 가능성이다."[25] 결국 그의 분석에서 보면 그림 속의 빈 공간은 미래를 향한 해체의 공간이 되는 것이다.

---

24) Peter Goodrich, 앞의 논문, 112~114쪽 참조.
25) Peter Goodrich, 앞의 논문, 114쪽.

2. 아이콘의 이데올로기 비판과 역사의 진보

법적 아이콘의 암호적 성격과 역사성은 법적 아이콘이 법률 텍스트와 같은 기호의 단편적인 한 종류에 불과한 것이 아님을 알 수 있다. 왜냐하면 아이콘에서 일정한 이미지를 해독해내는 작업은 미래사회에 대한 일정한 기획을 세우고 그런 사회를 향해 나아가는 역사적 실천이며, 이데올로기 투쟁의 성격을 띠기 때문이다. 그렇기에 아이콘은 역사를 변화시키는 전쟁의 화약고와 같다. 여기서 Mitchell의 다음과 같은 말은 주목할 만하다. "이미지는 단순히 기호의 특별한 한 종류에 불과한 것이 아니다. 그것은 전설적 지위를 지닌 존재나 성격, 역사적인 무대 위의 행위자들과 같은 그 무엇이다. 이미지는 우리가 우리 자신의 진화(evolution), 즉 창조자의 이미지를 본떠서 만들어진 존재로부터 자신의 고유한 이미지 속에서 자신과 자신의 세계를 만들어 가는 존재로 진화해가는 것에 관해 우리 스스로에게 들려주는 이야기와 같은 것이다"[26)]

그런 이데올로기 투쟁의 하나로서 정의의 여신 유스티치아가 부정의의 화신으로 재해석되는 예를 설명한다. 이것은 무엇보다도 유스티치아가 눈가리개를 하고 있는 것을 두고 통상적인 해석과는 다른 방향으로 이해함으로써 가능해진다. 즉 유스티치아의 눈가리개는 정의를 장님으로 인격화하는 것으로서 불공정한 지각(perception of unfairness)을 상징할 수 있다고 비판할 수

---

26) W.T.T. Mitchell, *Iconology: Image, Text, Ideology* (University of Chicago Press, 1986), 9쪽.

있다. 예컨대 미국에서는 인종적 편견으로 유색인종에게 불공정한 법과 그 집행에 대해 눈을 감아버림을 상징한다는 것이다. 다시 말해 눈가리개는 이데올로기적으로 지배자와 지배계층의 편익에만 봉사하는 '맹목성'과 다름 아니다. 그래서 Capers는 이런 맹목성을 '선택적이며, 학습된 이기성'으로 규정짓고, 유스티치아의 눈가리개를 제거해야 한다고 외치고 있다. "그녀의 장님성은 선택적이며, 학습된 이기성을 드러내보여준다. 간단히 말해 공정과는 전혀 다른 것이다. 이것은 인종과 성별이 구분된 그녀의 몸에 의해서 심화된다. 끝으로 내 바램을 말한다. 그 언젠가 우리는 그녀에게서 성별을 제거(desex)할 것이다. 그 언제가 우리는 그녀에게서 인종을 제거(derace)할 것이다. 그리고 우리는 그녀의 눈가리개를 제거하는 것으로서 그 첫 번째 발걸음을 시작할 것이다. 오직 그렇게 될 때에만 그녀는 자신의 저울이 어떻게 기울었는지를 보게 될 것이며, 자신의 칼이 황폐하게 만든 것이 무엇인지를 바라보게 될 것이다."[27)]

이처럼 유스티치아의 눈가리개를 백인들의 선택적이며, 학습된 이기성으로 재해석하게 되면, 흑인을 범죄자로 바라보는 시선, 유죄심증의 편향성, 피의자 체포시 경찰의 과도한 폭력행사 등을 극복하지 않는 한 유스티치아는 정의의 아이콘으로서 존속하기 어려워진다. 어쩌면 경찰의 폭력에 희생된 흑인을 변호하는 일보다 유스티치아의 암호를 시민들이 익숙해져 있는 이미지와는 다른 이미지로 해독해내는 일이 훨씬 강력하게 그러한 현실을 극

---

27) I. Bennett Capers, "On Justitia, Race, Gender, and Blindness", *Michigan Journal of Race and Law* (Fall, 2006), 232~233쪽.

복하는 방편이 될 수 있을 것이다. 왜냐하면 유스티치아의 아이콘에는 미국의 체제가 민주주의와 법의 지배가 있는 문명국가라고 믿는 시민들의 신뢰가 응축되어 있고, 그 신뢰를 유지하기 위해서는 유스티치아의 암호해독을 그렇게 하지 않아도 되도록 현실을 바꾸려는 동기가 시민들의 가슴 속에서 꿈틀거릴 것이기 때문이다.

이로써 법아이콘학은 한편으로는 아이콘옹호(iconophilia)의 학문이면서 동시에 아이콘파괴(iconoclasm)의 학문이 될 수밖에 없게 된다.[28)]

---

28) Costas Douzinas, "Legality of Image", *The Modern Law Review* (Vol. 63, No. 6, 2000), 815쪽 참조.

찾아보기

ㅇ

ㅈ

ㅊ

ㅋ

ㅌ

ㅍ

ㅎ

인명색인

[저자약력]

서울출생
서울 중앙중학교 졸업
서울 고등학교 졸업
고려대학교 법과대학 졸업
고려대학교 대학원 졸업(법학석사)
독일 프랑크푸르트 대학교 대학원 졸업(Dr.jur.)
현재, 고려대 법과대학 정교수
고려대 법학연구원 기초법연구센터 소장

〈저 서〉

◇ 기초법 분야 ◇

- 『Wortlautgrenze, Intersubjektivität und Kontext-einbettung』, Frankturt/New York 1992
- 『법이론』, 박영사, 1996(제1판); 세창출판사, 2005(제2판)
- 『법학입문』, 박영사, 1997(제1판); 법문사, 2005(제3판)
- 『법사회학』(이상돈 · 홍성수), 박영사, 2000
- 『법철학』, 법문사, 2003
- 『욕망을 행복을 낯설게 한다. 모더니즘의 행복론』, 연극과 인간, 2003
- 『인권법』, 세창출판사, 2005
- 『법문학』(이상돈 · 이소영), 신영사, 2005
- 『문헌연구 포스트모더니즘과 법』(이상돈 · 이소영 · 민윤영 · 정채연), 세창출판사, 2006
- 『시민운동론』, 세창출판사, 2007
- 『기초법학』, 법문사, 2008

◇ 형사법 분야 ◇

- 『형법의 근대성과 대화이론』, 홍문사, 1994
- 『형사소송법 사안풀이와 법치국가』, 태진사, 1995
- 『형사소송법』(2인공저), 홍문사, 1996(제1판), 2004(제6판)
- 『형사소송원론. 형사소송의 근대성과 대화이론』, 법문사, 1998
- 『형법정책』(배종대 · 이상돈 편역), 세창출판사, 1999
- 『형사소송법연습』, 법문사, 1999(제1판)
- 『형법학. 형법이론과 형법정책』, 법문사, 1999
- 『법률해석의 한계』(5인공저), 법문사, 2000
- 『사례연습 형사소송법』, 법문사, 2001(제2판), 2004(제3판)
- 『헌법재판과 형법정책』, 고려대출판부, 2005

◇ 의료법 분야 ◇

- 『의료형법』, 법문사, 1998
- 『의료체계와 법』, 고대출판부, 2000
- 『치료중단과 형사책임』, 법문사, 2002
- 『생명공학과 법』, 아카넷, 2003

◇ 경영법 분야 ◇

- 『부실감사법』, 법문사, 2004
- 『윤리경영과 형법』, 신영사, 2005
- 『공익소송론』, 세창출판사, 2006
- 『부실감사 판례연구』, 법문사, 2006
- 『사례연구 기업윤리와 법』(이상돈 · 지유미 · 박혜림), 법문사, 2008

법 미 학

2008년 8월 20일 초판 인쇄
2009년 9월 25일 초판 2쇄발행

저 자 이 상 돈
발행인 배 효 선

발행처 도서출판 法 文 社

413-756 경기도 파주시 교하읍 문발리 526-3
등 록 1957년 12월 12일/제2-76호(윤)
전 화 (031)955-6500~6 FAX (031)955-6525
E-mail (영업) bms@bobmunsa.co.kr
(편집) edit66@bobmunsa.co.kr
홈페이지 http://www.bobmunsa.co.kr

조 판 (주) 성 지 이 디 피

정가 19,000원 ISBN 978-89-18-01158-5